VBT
基于速度的力量训练

[美] 农西奥·西尼奥雷（Nunzio Signore） 著

闫琪 王明波 译

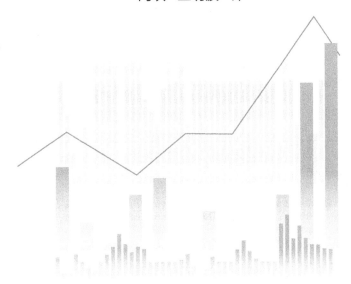

人民邮电出版社

北 京

图书在版编目（ＣＩＰ）数据

　　VBT：基于速度的力量训练 / （美）农西奥·西尼奥
雷（Nunzio Signore）著；闫琪，王明波译. -- 北京：
人民邮电出版社，2023.6
　　ISBN 978-7-115-61030-0

　　Ⅰ．①V… Ⅱ．①农… ②闫… ③王… Ⅲ．①力量训
练 Ⅳ．①G808.14

　　中国国家版本馆CIP数据核字(2023)第015104号

免责声明

　　本书内容旨在为大众提供有用的信息。所有材料（包括文本、图形和图像）仅供参考，不能用于对特定疾病或症状的医疗诊断、建议或治疗。所有读者在针对任何一般性或特定的健康问题开始某项锻炼之前，均应向专业的医疗保健机构或医生进行咨询。作者和出版商都已尽可能确保本书技术上的准确性以及合理性，且并不特别推崇任何治疗方法、方案、建议或本书中的其他信息，并特别声明，不会承担由于使用本出版物中的材料而遭受的任何损伤所直接或间接产生的与个人或团体相关的一切责任、损失或风险。

内 容 提 要

　　本书首先介绍了基于速度的力量训练（VBT）的基础理论知识及相关测量工具的使用方法，接着讲解了特定力量的速度训练区间的含义及其在周期化训练中的应用时机，然后描述了基于 VBT 的 1RM 测试方法，以及如何通过 VBT 评估训练强度、调整训练负荷和监测运动疲劳，最后提供了 VBT 的周期化训练应用指导与方案示例。不论是体能教练、运动教练和职业运动员等专业人士，还是运动及健身爱好者，都能从本书中获得关于精准提升运动表现的科学指导。

◆　著　　　[美] 农西奥·西尼奥雷（Nunzio Signore）
　　译　　　闫　琪　王明波
　　责任编辑　李　璇
　　责任印制　马振武
◆　人民邮电出版社出版发行　　北京市丰台区成寿寺路 11 号
　　邮编　100164　　电子邮件　315@ptpress.com.cn
　　网址　https://www.ptpress.com.cn
　　北京七彩京通数码快印有限公司印刷
◆　开本：700×1000　1/16
　　印张：11.75　　　　　　　2023 年 6 月第 1 版
　　字数：185 千字　　　　　2025 年 8 月北京第 6 次印刷
　　著作权合同登记号　图字：01-2022-1354 号

定价：128.00 元
读者服务热线：**(010)81055296**　印装质量热线：**(010)81055316**
反盗版热线：**(010)81055315**

谨以本书献给我的妻子特蕾西（Tracey）和我的女儿马娅（Maia），她们忍受了我疯狂地不断学习和创造的渴望，这种状态可能使我暂时无暇他顾——即使我待在家中且与她们同处一室。这一点在新冠肺炎疫情期间最为明显，当时我们在纽约的家中隔离了4个月。

目录

序

　　农西奥·西尼奥雷（Nunzio Signore）是力量与体能训练行业中富有激情、智慧和好奇心的教练之一。正如他在本书中所证明的那样，他正迅速成为基于速度的力量训练（Velocity-Based Training, VBT）相关领域的先驱者和践行者之一。他的工作对我们佛罗里达棒球场的人来说是一种激励，我们在他的帮助下训练高水平的棒球投手。我们使用VBT已有一年多的时间，成果非常显著。在训练过程中引入VBT增强了训练的专项性，同时为运动员提供了客观的、可衡量的反馈和新动力。

　　当谈到获得最佳训练时间回报时，"专项性"非常重要。大多数教练都同意以下观点：为了获得最大的训练收益，选择的练习应该尽可能地针对你所期望的结果。纵观整个力量训练历史，许多用心良苦的教练（包括我自己）在信息不全的情况下，过度使用、误解和误用了专项性这一概念。从某种程度上讲，在我们追求具体结果的过程中，扎实的力量训练实践演变成了一个不注重负荷的过程，这种训练被称为"功能性训练"。我们最初的想法可能是合理的，但这种对专项性的应用反而使训练结果不那么理想。

　　农西奥·西尼奥雷明白，虽然应用传统慢速力量练习打造的坚实基础对任何运动员来说都至关重要，但它并没有解决专项性的时间维度问题。对于对速度要求极高的高强度运动技能，传统的力量训练可能不足以使运动员快速产生足够的爆发力来满足比赛要求。VBT设备通过提供关于身体或器械的运动速度的外部反馈，不仅使人们将注意力集中在爆发力方面，还使人们注意到速度方面，从而帮助解决运动专项化力量训练的难题。

　　VBT还考虑到了生物力学问题。肌肉并不是简单附着在骨骼上的，而是受神经支配的，随时准备产生爆发力，协调并控制运动，或者像固定缆绳一样保护着身体内非收缩性的组织（如韧带、骨骼、筋膜和关节）。在你能够释放爆发力、协调并控制你的身体，或保护非收缩性组织之前，你要消除肌肉的松弛状态。在高强度的运动中，实现关节或肢体周围肌肉的等长共同收缩是消除肌肉松弛的最佳方法。当运动链实现协同收缩时，可以获得一些益处：身体能够承受突然的外界压力、产生的爆发力有效增加、结缔组织得到很好的稳定控制。运动变得轻松顺畅，运动员可以完成与专项相关的目标，同时节省能量并将受伤风险降至最低。

在VBT这种创新式的训练方法出现之前，教练大多通过观察来估算动作速度或完成时间。正如农西奥在本书中所论述的那样，VBT提供了客观的、可衡量的时间和速度指标，并最终训练身体产生同步收缩以提升整体爆发力。

在本书中，农西奥对与VBT有关的内容进行了深入探讨，并带领读者开始了一段学习之旅——从VBT的理论和发展过程开始，最终在整个年度计划里将VBT应用于运动项目的训练计划安排中，形成了一个完整的循序渐进的训练过程。准备好敞开心扉接受一种全新的训练运动员的高效方法吧。对任何准备参加高强度运动的人来说，本书将改变其训练方式。

祝贺农西奥，你做得非常棒！

兰迪·沙利文（Randy Sullivan），MPT，CSCS

致谢

特别感谢迈克·梅加（Mike Mejia）考虑让我参与这个项目，还要感谢劳拉·普利亚姆（Laura Pulliam）给我的支持。

如果没有所有关于速度和爆发力主题的伟大研究，本书是不可能面世的。虽然有太多的人在这里无法一一提及，但我想让你们知道，本书的参考文献中注明了你们在本书创作的过程中发挥的至关重要的作用。

我想特别感谢布赖恩·曼（Bryan Mann）博士、尤里·维尔霍尚斯基（Yuri Verkhoshansky）、图德·邦帕（Tudor Bompa）和美国国家体能协会（NSCA），感谢你们让我在撰写本书时学到许多知识。如果没有你们，我是不可能创作出本书的。

特别感谢我的朋友和商业伙伴巴赫拉姆·希拉齐（Bahram Shirazi），以及贾森·施瓦茨（Jason Schwartz）对前几章的贡献。感谢Rockland Peak Performance（RPP）的全体人员——这些人员包括所有每天走进RPP训练中心并对我将帮助他们取得成功充满信心的运动员。多年来，他们多次充当寻求VBT数据过程中的原点。另外，还要感谢模特运动员丹特·托布勒（Dante Tobler）、南希·纽厄尔（Nancy Newell）、乔希·洛绍恩（Josh Loeschorn）和马娅·西尼奥雷（Maia Signore），感谢他们愿意出镜，提供了视觉演示。还要感谢LT Visual Media公司的乔·拉托纳（Joe LaTona），他拍摄了本书提供的这些照片。

前言

基于速度的力量训练：过去、现在和未来

基于速度的力量训练并不是新鲜事物，事实上，这个概念可以追溯到100多年前，当时的速度是指一个人移动的速率。在卡梅洛·博斯科（Carmelo Bosco）、Y.V. 维尔霍尚斯基［Y.V. Verkhoshansky,《运动中专项力量训练的基础》（*Fundamentals of Special Strength Training in Sport*）的作者］和R.A. 罗曼［R.A. Roman,《举重运动员的训练》（*The Training of the Weightlifter*）的作者］等先驱者的努力下，运动训练界已经开始将一些视觉数字和概念放入方程式中。

在20世纪90年代，路易·西蒙斯（Louie Simmons）将Tendo引入了美国运动训练界。Tendo是一种挂在杠铃或运动员身上的装置，用于测量速度（以米/秒为单位）。将杠铃或运动员的重量数据输入该装置，它就会在训练时提供功率输出和速度测量数据。在此期间，布赖恩·曼（Bryan Mann）教练还通过其出色作品《培养爆发性运动员》（*Developing Explosive Athletes*），以及无数已发表的研究文章和关于这个主题的众多演讲活动，帮助增加人们对VBT的关注和了解。通过出版图书和发表文章，曼博士一直致力于将VBT应用于所有竞技体育项目，而且直至今日，他仍是研究VBT并将其直接应用于竞技体育项目的权威人士之一。

虽然我一直提倡在所有的力量和体能训练方面推陈出新，但我和很多年前的其他人一样，仅依靠1RM的百分比将负荷分配给运动员训练计划中的特定阶段。几年前，我阅读了曼博士写作的关于VBT的图书，然后开始在自己的训练机构中对我的运动员进行实验，于是这种情况发生了巨大的变化。我很高兴VBT在爆发力方面获得了更好的成果，这可能是因为有了精确的定位，我能够针对特定类型的力量进行训练。我会根据年轻运动员的训练年限、动作规范性

和训练状态，让符合条件的运动员使用VBT。

虽然我训练了来自各个运动项目的许多高中、大学和职业运动员，但我的训练机构中的主要客户恰好是棒球运动员。棒球是一项极具爆发力的运动，棒球运动员的投球和击球动作又快又猛。我发现这项运动的发展速度简直令人惊讶。运动员的投球速度和击球速度快速提高，冲刺速度的提高也非常明显。简而言之，VBT是很好的选择。

我可以这样告诉你：自从开始对运动员使用VBT，并让他们接受VBT后，我发现他们的力量、速度以及（最终）爆发力都有了很大的提升［在赛前准备期中，跳跃高度增加了3~4英寸（1英寸≈2.54厘米，余同）］。我希望你发现这些信息很有用，并希望你也可以像我一样，通过对运动员使用VBT而获得回报。

农西奥·西尼奥雷（Nunzio Signore）

第 **1** 部分

初步认识VBT

第 1 章

介绍 VBT

本章会介绍VBT的基本概念，以及为什么它是确定运动员的特定力量适应区和训练区的最佳选择。本章还包括对评估运动员类型的简短讨论，以便更好地利用速度为运动员制定年度计划中的不同阶段的训练内容。

什么是基于速度的力量训练

基于速度的力量训练（VBT）是一种通过监测杠铃或身体运动速度来计算位移和时间，从而评估运动强度的方法。多年来，教练使用的标准方法是根据最大肌力（1RM）的百分比来确定力量训练的负荷重量。而VBT则是根据运动速度或举起速度来确定合理的负荷重量的方法。

如今的科技进步使我们能够更精确地关注杠铃或运动员的运动速度，以及从一次重复练习到另一次重复练习或从一组练习到另一组练习之间的速度损失百分比。近年来，市场已经推动了VBT的概念传播和应用发展，人们迫切需要更多关于VBT的信息。这就是我写这本书的目的。虽然你无法仅依靠VBT技术就成为一名优秀的教练，但拥有一套优质的工具总是对你有所帮助的。不要仅仅为了使用VBT概念或工具而使用它们，你应该使用它们来解决训练中的具体问题。

在西班牙进行的一项研究（González-Badillo and Sánchez-Medina, 2010）揭示了关于VBT的一些重要发现。

- 在举重或运动的向心阶段，与不以最大预期速度训练的人相比，以最大速度训练的人会获得更大幅度的力量和爆发力提升。
- 在一组传统的力量训练（如卧推和深蹲）中，速度呈线性下降。
- 速度与1RM百分比密切相关。

> VBT是一种通过监测杠铃或身体运动速度来计算位移和时间，从而评估运动强度的方法。

越来越多的教练和实践者正在使用VBT来确定最佳训练负荷，这是一种区别于传统的应用1RM百分比来确定训练负荷的方法。这种方法可以更有效地提升力量或通过调整负荷强度来优化运动员移动该负荷的速度，以便随着赛季的临近进一步提升爆发力（参见图1.1）。VBT也是一种强大的工具，用于每天或每周准确监测中枢神经系统的压力水平或疲劳程度。

大多数运动需要0.150~0.220毫秒的时间来产生足够的爆发力，从而形成比赛中的快速运动能力。在美式橄榄球、棒球或田径运动等更多依赖爆发力的运动中，这个时间甚至更短。虽然绝对力量（更确切地说是峰值力量）仍然并将永远是其他类型的力量或速度的基础，但关键是要弄清楚哪些运动员需要更多的爆发力，或者谁能从更快的速度训练中受益。此外，还需要根据运动员的特定运动项目，弄清楚产生训练适应性或速度所需的特定负荷。

尽管实施快速力量训练的教练经常使用VBT技术，但VBT本身并不局限于在更快的速度下发展快速力量。VBT是一种评估特定运动强度的客观方法。那么，该评估究竟是如何完成的呢？通常，速度输出是通过一种被称为线性位置传感器的技术或设备来追踪的，该传感器安装在杠铃上；已经研发出可穿戴的加速度计（如PUSH Band），其可以直接戴在手臂（参见图1.2）、脚踝或腰（重心）上。这些设备有助于监测运动速度，更精确地与运动员的1RM相关联。值得注意的是，在力量训练期间，虽然查看运动员的身体运动速度远比简单查

图1.1　越来越多的教练使用VBT来确定最佳训练负荷

图1.2　VBT并不局限于在更快的速度下发展快速力量。教练和运动员应该研究如何在训练中利用较低速度和VBT帮助提高绝对力量水平

看杠铃速度重要得多，但这里的关键要点是，教练应该了解如何在训练中利用杠铃速度帮助提升运动员的身体运动速度和重复运动能力。

图1.3是我根据过去几年中在我的训练机构中受训的数百名运动员的训练情况而绘制的VBT范围图。受布赖恩·曼（Bryan Mann）博士在其《培养爆发性运动员》（*Developing Explosive Athletes*）一书中的原始图表的启发，我修改时考虑了上肢和下肢练习的不同范围。你很快就会了解到，图1.3中的VBT范围适用于大多数运动员，但由于运动员的基因和训练年限的不同，这些范围并不总是适用的。随着时间的推移收集自己的数据才是最好的。

图1.3中的数据为教练和运动员提供了关于举重或运动速度和运动强度的宝贵外部信息。这些数据还可以向运动员提供关于负荷与训练设定目标的匹配程度的即时反馈，使他们能够相应地调整负荷或训练量。当力量是训练重点时，或者随着赛季临近，爆发力成为主要训练目标时，这些数据可以在很大程度上帮助运动员更好地选择负荷强度，找到适当的负荷来平衡爆发力和速度。更重要的是，虽然1RM百分比多年来一直是测量标准，但这种测量标准是有问题的，因为它既没有考虑运动强度，也没有考虑由于压力和疲劳（如睡眠不足、个人问题、比赛的后续影响、前一天的训练单元等）产生的每日力量波动。这些信息极为重要，可以帮助教练和运动员根据运动需求、球员位置或在年度计划中的训练阶段进行特定训练调整。

	刚性		爆发力		弹性
	100%　90%　80%	70%　60%	50%　40%	30%　20%	10%　0
	绝对力量	加速力量	力量－速度 （力量主导）	速度－力量 （速度主导）	起动力量
	80%~100%1RM	60%~80%1RM	40%~60%1RM	20%~40%1RM	体重~20%1RM
下肢的速度范围	<0.50米/秒	0.50~0.75米/秒	0.75~1.0米/秒	1.0~1.3米/秒	>1.3米/秒
上肢的速度范围	<0.40米/秒	0.40~0.60米/秒	0.60~0.85米/秒	0.85~1.1米/秒	>1.1米/秒

图1.3　特定力量的速度训练区间及其与1RM百分比的关系

经许可，转载自 [J.B. Mann, *Developing Explosive Athletes: Use of Velocity-Based Training in Athletes*, 3rd ed. (Muskegon, MI: Ultimate Athlete Concepts, 2016)]

VBT 的目标是什么

本节定义了1RM，并讨论了它与各种类型力量之间的关系。本节还探讨了该标准方法的一些缺点，例如压力和运动造成的疲劳效应，以及在考虑某些参数时，VBT可能是更好的选择。

1RM：负荷-速度关系

1RM是指一个人在一次重复中所能举起的最大重量，也可以将1RM作为确定某个练习所需负荷的上限，如1RM的百分比。人们使用这种长期存在的基于百分比的方法来衡量训练强度，帮助确定在新训练计划开始时使用的适当负荷百分比。这些百分比的范围是：在训练肌肉耐力和组织准备阶段，百分比范围应低于最大限度的60%；在改善绝对力量时，百分比范围应是最大限度的90%~100%。这些百分比还有助于在训练模块结束时追踪改进情况，以便根据运动员在1RM测试前和1RM测试后的情况，深入了解训练计划的有效性。

> 1RM是指一个人在一次重复中所能举起的最大重量。

虽然传统的1RM很有效，而且我已经使用了很多年，但当我们考虑比赛前后或其他压力源（例如睡眠不足或脱水）下的力量水平变化时，这种方法就明显存在一些问题。例如，表1.1展示了一名运动员如何在周一以180磅（1磅≈0.45千克，余同）负荷（80%1RM或0.80米/秒）进行8次重复练习，该运动员卧推时的1RM测试结果为225磅。然而，在周三，这名运动员以0.50米/秒的速度，采用185磅的负荷进行了相同的8次重复练习，这大约是82%1RM，结果显示，他的基线1RM有2%的波动（改善）。周五，经过一夜好眠，他以0.50米/秒的速度获得了190磅的个人最好成绩。目前，190磅是84%1RM，这表明他的基线1RM有4%的波动（改善）。但是，在周六没有得到充分休息的情况下再次举重会导致7%的下降。这种向下的波动会产生较差的训练效果，同时也增加了受伤的风险。

表1.1 1RM的百分比的每日波动

训练日	训练负荷为80%1RM（0.50米/秒）	与1RM测试的相关性	每日波动
周一	180磅	80%	0
周二	休息	—	—
周三	185磅	82%	上升2%
周四	休息	—	—
周五	190磅	84%	上升4%
周六	165磅	73%	下降7%
周日	休息	—	—

通过VBT，我们可以测量运动速度（而不是传统的1RM），将其作为强度标志。我们还可以使用VBT来避免力竭（指最后一次练习时无法举起负重）。众所周知，力竭会对中枢神经系统造成极大的负担，并且运动员很难从神经损伤中恢复。这些因素会大大减缓运动员的进步。接下来将会介绍如何用VBT预测1RM。

使用外部提示

提供反馈可以让人们获取有效信息并做出更好的、更理性的决定。在谈论运动学习或运动技能的完善时尤其如此。外部提示（而不是内部提示）使运动员关注他们的运动效果；在使用内部提示时，运动员只关注他们的身体动作或内在动机。许多信息都可以被视为外部提示——教练的反馈或来自设备（如秒表或VBT装置）的视觉提示。

相关研究一致表明，相比于内部提示，在使用外部提示时，不同类型、技能水平和年龄组的运动员的运动表现都会得到一定程度的提升（Wulf, 2012）。进一步的研究表明，相比于内部提示或根本没有关注点的指示，外部提示不仅有助于提升跳跃高度和速度，还有助于增强神经肌肉的协调性（Wulf, 2012）。大多数优秀的教练和有经验的运动员可能在指导技术时已经使用了外部提示，例如"伸展你的髋部"或"沿着地面移动你的脚"（参见图1.4）。

图1.4 虽然基于技术的方法（如VBT）可以为教练提供帮助，但该方法并不能够替代教练。在这里，运动员从教练那里获得的重要外部提示取决于教练的指导方式

以下是一个关于VBT装置如何让运动员承担责任的示例。当VBT装置提供提升速度或运动速度的指示时，VBT装置不知道运动员是谁，这使得它的反馈（针对运动员表现）完全客观。因此，假设一名运动员在力量速度区间进行卧推（本书后面会详细介绍），而教练希望其速度能够达到0.75~1.0米/秒。VBT装置会告诉我们运动员的实际表现是否符合教练的预期。尽管运动员认为其动作足够快，但如果运动员以较低的速度移动，VBT装置就会客观呈现真实的数据（参见图1.5）。

VBT还利用了运动员的竞争天性。当运动员被告知他们仅有一次机会在负重减少之前提高动作速度时，我发现在大多数情况下，他们在下一组训练中的动作速度提高的可能性极大。就团队训练而言，使用VBT会激发出运动员更多的竞争天性。例如，假设三名运动员都在相同的杠铃速度下进行训练。一

图1.5 利用VBT装置，使六角杠铃硬拉的速度保持在特定的力量速度区间

旦一名运动员能够比另一名运动员更快地举起重物，力量训练房里就会产生竞争氛围，运动员的竞争天性就会显现。接下来，负荷增加了，向心速度也提高了，这有助于让这些运动员创造最佳训练效果。为了进一步说明这一点，请查看表1.2，其中两组橄榄球运动员以完全相同的训练量进行了相同的训练。结果发现，在训练中获得反馈的那组运动员在运动表现上有更大的提升（Randell et al., 2011）。

简而言之，使用VBT装置进行外部提示为我的运动员提供了信息，使他们能够获得更高的训练质量和更大的运动负荷，从而帮助他们在球场或田径场上获得更大的效益。

表1.2　基于反馈的表现提升

结果测量	反馈组的百分比增加	非反馈组的百分比增加
垂直跳跃	4.6%	2.8%
水平跳跃	2.6%	0.5%
10米冲刺	1.3%	0.1%
20米冲刺	0.9%	0.1%
30米冲刺	1.4%	0.4%

数据源自 [A.D. Randell, J.B. Cronin, J.W.L. Keogh, N.D. Gill and M.C. Pedersen, "Effect of Instantaneous Performance Feedback During 6 Weeks of Velocity-Based Resistance Training on Sport-Specific Performance Tests," *Journal of Strength and Conditioning Research* 25, no.1(2011): 87-93.]

树立责任心

我的经验和信念是，运动员必须建立起坚实的绝对力量基础，才能成为在训练计划中使用VBT的优秀候选人。在与青年和职业运动员合作时，我发现可能是由于正处于生长发育期，这些年轻的、不太成熟的运动员既没有足够的力量，也没有足够的灵活性，他们需要首先形成正确的动作模式并增加肌肉体积。然而，随着运动员逐渐成熟和训练年限的增加，运动员通常需要更加努力地实现肌肉的最大向心运动，并继续提升自身的适应能力。对于这样的运动员，VBT可以成为改进训练的要素。但是，与任何事情一样，事无绝对。没有动力或不敬业的运动员可以欺骗测试系统。在最初测试期间，通过故意缓慢地移动杠铃或身体，运动员可以获得较低的基线速度，从而避免在以后的比赛中不得不努力去匹配或提升指标值。这就是为什么我要求运动员在开始使用VBT之前先充分了解自己。总而言之，获得有关速度的即时反馈可以让运动员明确运动目标，从而承担相应责任。

监测疲劳

生活中发生的每一件事都会导致相关的行动或反应。无论是训练、人际关系或家庭问题，还是睡眠不足问题，都会影响运动员的中枢神经系统及其恢复。如前所述，研究表明，在任何一天1RM的力量可能产生18%的浮动变化

（Flanagan and Jovanovic, 2014），这意味着规定百分比向上或向下浮动可能都是不合适的，具体情况取决于运动员对其中枢神经系统施加的压力大小。

自动调节指的是一种管理变化范围的系统，用以调节运动员因压力或疲劳而产生的工作能力的个体差异。对于教练来说，这可能是一个强大的工具，可以帮助运动员避免在长期发展方面过度训练或训练不足。与传统的线性周期化（LP）不同，运动员会根据每天和每周的表现参数的变化，通过提升自己的速度来增强力量，在传统的线性周期化中，力量每周都固定增加。例如，一项研究表明，在6周时间内增加卧推和深蹲的力量方面，采用了自动调节的渐进式力量训练比 LP 模式的训练计划安排更有效（Mann et al., 2010）。

通过使用 VBT，我们可以借助观察杠铃速度或身体运动速度的百分比而不是1RM的百分比来考虑表现参数。通过每天每次重复练习后监控到的数字，我们可以了解是否需要因当天的疲劳而减轻重量，或者是否需要因能力提升而增加重量。例如，假设一名运动员在杠铃卧推中记录的1RM基线测量值为250磅。如果该运动员处于最大力量阶段，而训练计划要求以85%的1RM进行5×5的训练，那么就会出现以下这种情况：以212磅，即250磅的85%，进行5×5的训练。我们还知道，通过用 VBT 装置监测运动员的杠铃速度可以了解到，该运动员以每秒0.48米的速度，以1RM的85%的负荷进行运动。利用这些信息，我们来看表1.3，它显示了该运动员在1RM的85%的基线上进行3天的卧推训练的情况。

在表1.3中，第2个训练日代表的是在经过一周漫长的期末考试学习并和朋友出去玩了几个晚上后，进行与第1个训练日相同的力量训练可能会出现的情况。当我们考虑到该运动员在这一周所承受的各种压力时，根据该运动员的杠

表1.3 根据每天的准备情况或硬拉训练中的疲劳程度而产生的速度变化

训练日	准备情况或疲劳程度	运动量和运动强度
1	正常准备	以212磅负荷进行5×5训练：0.48米/秒
2	准备不充分	以212磅负荷进行5×5训练：0.35米/秒
3	充分准备	以212磅负荷进行5×5训练：0.52米/秒

铃速度，作为基线的85%1RM现在大约相当于95%1RM。如果不使用VBT，该运动员可能会继续坚持完成接下来的4组练习，并且可能会受伤。然而，从VBT装置处获得的外部提示可以让该运动员及早知道，由于这一天的准备不足，应该减轻重量。

再看一下表1.3并关注第3个训练日。在通过所有测试并恢复好状态后，该运动员的下一个上肢训练日可以在更高的负荷水平上开始。在这里，原先作为基线的85%1RM现在看起来更像是75%1RM。消除该运动员生活中的负面压力（指担心期末考试成绩）可以提高杠铃速度。如果运动员继续以原先的速度和1RM百分比进行训练，可能会导致运动员训练不足，因此无法获得绝对力量所需的特定适应性。

这只是从VBT装置处获得日常外部提示的一个示例，它不仅可以帮助运动员找到他们正在寻找的特定适应性，还可以防止日常压力导致的1RM的波动所引起的训练不足甚至是损伤。

VBT使我们能够更好地识别特定力量的速度训练区间，以便使运动员达到预期的训练目标。虽然在传统的1RM中这些速度是密切相关的，但由于基因构成和训练年限的不同，运动员之间总会存在差异。当我和我的运动员在力量训练房里分组训练时，我目睹了VBT装置通过外部提示产生的作用和营造的竞争环境。

第2章

解读指标

各种速度指标的含义并不相同。本章讨论了用于实现VBT的3种测量方案，还解释了每种测量方案的重要性，以及为什么一种指标可能比另一种指标更适合，这取决于运动员希望提升的特定力量能力——力量、速度或爆发力。本章还介绍了肌肉离心收缩和向心收缩的概念、它们如此重要的原因，以及它们如何在VBT中发挥不可或缺的作用。

离心收缩、向心收缩和减速

要了解与VBT相关的各种指标，我们必须首先回顾肌肉的离心收缩、向心收缩和减速，以了解为什么应该使用不同的追踪速度的方法。快速且更有效地利用肌肉向心和离心收缩的特性，使运动员能够更好地利用拉长-缩短周期（SSC）来快速产生力量（将在第6章中对此进行更深入的讨论）并最终产生更大的爆发力。这种能力是评价运动表现的关键指标，也是将优秀运动员与其他运动员区分开来的一种重要能力。

在进行我们的讨论时，请记住，VBT装置只测量运动的向心收缩部分。然而，了解肌肉的离心收缩过程也非常重要，因为当监测杠铃速度或身体运动速度时，离心收缩会显著提升向心收缩部分的加速度。这使得肌肉的离心收缩成为运动时的一个关键绩效指标（KPI）。

离心收缩

离心收缩是指肌肉在承受外力时被动拉长的运动过程，如图2.1所示。肌肉离心收缩是储存能量的过程（与使用能量的向心收缩正好相反）。肌肉的拉长还会让肌腱处于弹性状态。

> 离心收缩是指肌肉在承受外力时被动拉长的运动过程。

在这个过程中肌肉产生了一些变化——肌肉吸收了外部负荷产生的能量，以支撑身体的重量、帮助缓冲冲击力并降低受伤的风险。在表现方面，这种弹性能量的储存有助于增强肌肉收缩力量，为后面的向心收缩（即加速过程）做好准备。例如，反向跳跃可以提升肌肉的离心力量，并帮助运动员在下蹲到最低点时更轻松地实现能量储存（参见图2.2a），增加神经冲动并使运动员快速转换到跳跃的向心收缩姿势（参见图2.2b）。

此外，与向心收缩相比，离心收缩所需激活的运动单元要少得多，并且在肌肉运动过程中消耗的氧气要少得多。这些特点使离心收缩以较低的能量消耗承受更大的力量（负荷），这可以解释为什么离心超负荷训练在力量训练计划的早期阶段是必不可少的内容：它可以提高肌肉组织的适应性，使运动员在离心收缩的末端更有力。虽然VBT装置通常不在力量训练过程中采集离心收缩的数据，但在后期使用较重的负荷时，离心超负荷训练可以大幅提升运动员承受较大负荷的能力。它还可以帮助运动员更好地吸收和储存离心力，以获得更好的运动表现——在运动中产生更大的爆发力。

离心

图2.1 离心收缩

图2.2 （a）离心收缩，或跳跃施加负荷的部分；（b）向心收缩，或跳跃产生爆发力的部分

向心收缩

尽可能快地移动杠铃或身体是增强力量和爆发力的重要因素之一，这依赖于神经适应性来实现。神经冲动的增加可以让运动员感受到真正的爆发力。要增加神经冲动，不仅需要在向心收缩过程中施加很大的负荷，还需要通过正确的练习来最大限度地提高所需的向心收缩速度（第4章的练习选择部分进行了更详细的解释）。首先，让我们简单了解什么是向心收缩。

向心收缩是肌肉充分利用能量并使身体或器械加速的过程。当肌肉被激活并需要举起一个小于其能产生的最大张力的负荷时，肌肉就会开始收缩，这个过程被称为向心收缩。向心收缩的两个很好的示例是：肱二头肌弯举练习中屈臂举起哑铃（参见图2.3a）和卧推练习中从最低点开始向上推起杠铃（参见图2.3b）。

> 向心收缩是肌肉充分利用能量并使身体或器械加速的过程。

通过观察我们以何种速度执行这些向心运动，可以区分出我们是更关注力量还是更关注爆发力。为了增强爆发力，力量训练和速度训练都非常重要，我们需要掌握在一定速度下应用力量的能力。力量训练需要使用较重的负荷，而速度训练需要使用较轻的负荷。在向心收缩过程中，身体作为一个受保护的装置，要能够降低向心收缩产生的速度和力量，以防止运动结束瞬间突然制动导致肌腱过度牵拉或对关节产生过大的压力。另外，在进行加重负荷的爆发力训练时，由于我们使用的负荷大于60%1RM，所以几乎没有减速。由于较重的负荷和较慢的速度，所以不需要用较长的时间减速。然而，当训练负荷低于60%1RM的时候，就要利用较长时间

图2.3　在（a）肱二头肌弯举和（b）卧推时进行向心收缩

进行减速，以便保护身体。因此，为了有效地进行负荷较轻的爆发力训练，运动员可以进行末端释放爆发力练习，如跳跃和投掷。由于身体跳向空中或者器械出手，所以不需要经历减速的过程，可以获得更高的跳跃或者出手速度。

减速

在向心收缩的过程中，我们必须同时针对负荷进行加速和减速。现有的数据显示，随着阻力向100%1RM增加，速度会有所下降。为了避免关节、肌腱或肌肉受伤，这种有意降低器械或身体运动速度的行为是一种自然反射，也称为减速。减速度（与加速度相对）取决于我们举起的负荷的强度和举起负荷的速度。

下面是一个简单的示例，展示了较轻的负荷可能需要更大的减速度，反之亦然。以卧推为例，使用40%~50%1RM的较轻负荷时，运动员可能只需在运动的前半部分用力推，而在后半部分则忙着减速。较长的减速时间将对我们通过训练设备获得的平均向心速度产生很大的影响。另外，超过75%1RM的负荷涉及较少的减速过程或几乎没有减速，因为被举起负荷的移动速度并不快，不足以影响平均速度。有一些方法可以改变练习的力学曲线，例如利用阻力带来缩短举重的减速过程，当使用阻力带时，阻力带拉得越长，它提供的阻力就越大。

这迫使运动员在向心收缩结束时继续加速，以克服这种阻力。从某个角度来看这种方法可以最大限度地缩短减速过程。更重的负荷也意味着更慢的速度，还会导致功率输出更低。因此，使用正确的运动方式和合理的练习方法进行训练，同时测量运动速度非常重要。这就引出了3个速度指标，我们用它们来确定速度百分比和相应的力量训练区间，以及用于提升特定力量能力的方法。

观测指标

在传统力量训练中，负荷重量被认为是产生肌肉力量适应性的重要因素。然而，近年来，另一个需要考虑和测量的未被充分应用的因素是运动速度。在用VBT装置测量速度时，首先应该了解我们的训练重点是什么，我们是在进行力量训练还是爆发力训练。在区分力量和爆发力训练时，我们要考虑到在一定负荷下杠铃或身体的移动速度，以及所涉及的减速过程。一项研究发现，当使用

> 在区分力量和爆发力训练时，我们要考虑到在一定负荷下杠铃或身体的移动速度，以及所涉及的减速过程。

20%~100%1RM的负荷进行非末端释放爆发力练习（如标准卧推或深蹲）来提升速度或爆发力时，在制动阶段（减速）不再存在的相对负荷是76%1RM（Sanchez-Medina, Perez, and Gonzalez-Badillo, 2010）。这告诉我们，使用75%1RM以上的负荷时，我们可以获得更准确的1RM百分比，因为使用较轻的负荷时会需要更长的减速过程（请记住，如果在运动结束时突然停止运动，身体会受到保护机制的影响）。总而言之，在进行力量训练时，使用大于60%1RM的负荷会增加在整个运动范围内加速的时间，可以消除使用较轻负荷和较高速度时出现的较长减速过程。了解要训练的特定力量特征不仅可以帮助你选择适合的练习方式，还可以帮助你选择要使用的测量方法，最终影响使用VBT装置计算速度的准确性。

平均向心速度

平均向心速度（MCV）是指在向心收缩过程中的平均速度，包括在该运动范围内减速的过程。因为侧重于力量的练习包括加速和减速阶段，所以应该使用MCV指标（参见图2.4）。MCV是绝对力量练习（如深蹲、硬拉和卧推）中的关键指标。当这些练习使用大于60%1RM的负荷时，MCV也是在休赛季开始时使用的最佳速度测量指标。对于由上肢动作主导且在动作的后半程需要更多力量的运动，MCV是很好的训练监控指标。

图2.4 对于使用大于60%1RM的较重负荷的力量练习，MCV指标是一个很好的选择，因为它涉及了加速和更少的减速时间（因为负荷较重）

请记住，在VBT中练习方式的选择非常重要。传统的力量练习（深蹲、卧推、硬拉、引体向上等）适合以中等阻力和较多重复次数进行增加肌肉体积的训练，或者适合采用较大的阻力和较少重复次数的神经激活适应性训练，但这些练习的动作速度较慢，其并不是发展爆发力的理想选择。而使用峰值向心速度（PCV）可以更准确地测量那些更具爆发力的运动，这一点将在下文中进行讨论。

平均向心速度是指在向心收缩过程中的平均速度，涉及在该运动范围内减速的过程。

峰值向心速度

在力量基础上进一步提升运动表现的关键是提高力量发展的速度，或者是提高合理应用新获得的力量的能力。在获得良好的力量（大于60%1RM的负荷）和快速力量（40%~60%1RM的负荷）后，可以而且应该采用更快的速度。通常可以在最后4~8周的时间段（休赛季）进行训练计划安排，此时可以将PCV作为主要训练监测指标，这意味着测量方法将发生变化，选择的练习方式也有可能发生变化。

峰值向心速度（PCV）是在向心收缩过程中的峰值速度，通常每5~10毫秒计算一次。该指标用于末端释放爆发力练习或侧重于爆发力的练习。末端释放爆发力练习是指在器械出手或双脚跳起之前，在很短的时间内产生力量的运动方式。在末端释放运动的大部分时间里，运动员实际上并没有对杠铃或者身体施力，由于没有减速过程，因此在整个运动中使用平均速度进行监控的效果

> 峰值向心速度是在向心收缩过程中的峰值速度，通常每5~10毫秒计算一次。

不佳（参见图2.5）。这个阶段一般采用高翻、抓举、卧推和跳跃等练习方式。由于这些练习的末端释放特点，需要牢记一点的是，尽管MCV仍然可用，但它不会那么准确或有效，而PCV是更好的选择。

平均推进速度

平均推进速度（MPV）稍微有点复杂，但它是测量和评估真实肌肉爆发力的一个很好的指标。但是，MPV在许多可穿戴设备（如线性位置传感器）上不可用。尽管如此，我们仍需要了解MPV，以便在使用Tendo和GymAware等设备时可以应用这个指标。虽然MCV指的是力量练习过程中整个上升阶段（包括制动阶段）的平均速度，但在达到或低于60%1RM时其准确性会受到影响。在这个过程中，向上的加速度大于与重力有关的向下加速度。换句话说，MPV测量的是减速开始之前的加速过程。

图2.5 在末端释放运动（如高翻）中使用PCV指标

在休赛季的后期，MPV可能是对以下两种传统练习更有效的衡量方法：一种是快速力量练习（由于必须在运动范围的末端急刹车并更多地减速，所以采用40%～60%1RM的负荷）；另一种是末端释放爆发力练习（采用40%～50%1RM的负荷），这种练习中没有明显的减速过程，因为加速阶段出现在器械出手或身体跳跃后。

平均推进速度指的是向上加速运动的平均速度，在这个过程中向上的加速度大于与重力有关的向下加速度。

基于这两种力量训练方法的力学特性，与使用较轻负荷的MPV相比，使用测量整个向心收缩过程的MCV会产生更大的测试误差，是一种不太有效的测量指标。无论是跳跃还是最大力量练习（例如以1RM的负荷进行背蹲练习），应用MPV进行训练监测可能是兼顾衡量力量-速度曲线两端表现的更好选择。

　　这些信息表明，通过将MCV应用于推进阶段，只需去掉关于减速阶段的测量值，我们就可以避免在力量训练中在运动员举起较轻和中度负荷时低估其真正的神经肌肉潜力。因此，许多教练和运动员认为，在训练和测试中使用MPV是一种比使用MCV更有效的监控力量或爆发力训练的方法。

　　在力量训练中，速度是一个非常有效的测量指标。但是要配合使用合理的测量方案，还要考虑到运动中减速过程的影响。平均向心速度（MCV）与力量训练（如深蹲、硬拉和卧推）有很好的相关性（尤其是在阻力超过60%1RM时），可用于力量训练的监控，还可以用来测试1RM。另外，快速力量训练通常采用与力量训练同样的练习，阻力比较适中（40%~60%1RM），练习过程中需要更长的减速过程，这使得平均推进速度（MPV）成为一种更有效的监控指标，因为在计算平均速度时，需要去除减速阶段的测量值。最后，末端释放爆发力练习如高翻、抓举、负重跳和投掷，被用于爆发力训练，峰值向心速度（PCV）是用于监控这些练习方式或跳跃练习（最快速度可能在5~10米/秒，或者接近比赛中的速度）的更好选择，这使得它成为赛季前训练阶段的最佳监测指标（参见图2.6）。在桑切斯·梅迪纳等人的一项研究（Sanchez-Medina et al., 2010）中，使用了3个关键指标来确定使输出功率最大化的相对负荷：平均向心速度、峰值向心速度、平均推进速度。当负荷大于76.1%1RM时，可以不再考虑减速阶段，这是由于负荷较重而必须在更长的时间内施力。最大输出功率取决于所使用的参数，因此必须根据所做的运动和所使用的负荷选择适当的监控指标。

　　表2.1提供了关于3种主要的速度测量方法的总结。

图2.6　PCV是监测末端释放爆发力练习（比如图中的六角杠铃跳跃）动作速度（最快速度在5~10米/秒，或者接近比赛中的速度）的更好选择，这使得PCV成为赛季前训练阶段的最佳监测指标

表2.1　速度测量方法

方法	描述	练习选择示例
平均向心速度（MCV）	力量练习整个向心收缩过程的平均速度，涉及减速阶段的速度	>60%1RM的传统练习（例如深蹲、卧推、硬拉）
峰值向心速度（PCV）	力量练习向心收缩过程的峰值速度，通常每5~10毫秒计算一次	末端释放爆发力练习或基于爆发力的练习（例如奥林匹克举重）
平均推进速度（MPV）	仅测量力量练习向心收缩的向上运动过程，在此过程中测量的加速度大于与重力相关的向下加速度（MPV测量的是减速之前的加速过程）	在传统练习（例如深蹲、卧推、硬拉）中使用40%~60%1RM的负荷

　　希望本章已经阐述清楚关于运动的离心收缩和向心收缩的相关问题，以及加速和减速与1RM不同百分比之间的关系。在进行测量时使用正确的指标（MCV、PCV、MPV）对于在VBT中获得准确的数据至关重要。然而在使用MPV进行训练监测时，我们确实需要谨慎，即使在本书印刷时，大多数常用的VBT监测设备也没有办法测量这个指标，这使得MPV成了一种昂贵的选择，仅有部分精密但贵重的仪器才能够测量这个指标。

第3章

行业工具

不久前，运用线性位置传感器（LPT）是测量身体运动速度或杠铃速度的唯一方法。现在，随着加速度计的出现，教练可以通过多种方法来监测速度和功率输出。无论你选择哪种工具，都可以通过测量身体或杠铃位置的即刻变化率来计算速度。由于运用每种方法测量速度的方式略有不同，因此在开始训练前，首先了解速度曲线。通过了解速度曲线，我们可以使用运动员的特定测量方法来保持数据的一致性。（速度曲线将在第4章中进行讨论。）

VBT 测量工具概述

本节会讨论各类型测量工具的差别，以及在选择实用的工具时需要考虑的优缺点。

线性位置传感器

LPT，如 GymAware 或 Tendo 装置，是能够测量一个平面内线性位移的设备（参见图3.1）。LPT 由一条连接硬件的缆绳（即所谓的连接线、电缆线轴或弹簧）和一个传感器组成（如电位器或旋转编码器）。传感器将缆绳的距离变化转换为电压，再通过算法转换为速度和加速度。LPT 还利用杠铃重量和训练者重量之和乘以重力加速度来计算力值（$g=9.81\text{m/s}^2$）。可以用平均力和平均速

图3.1 （a）GymAware装置；（b）Tendo装置

（a）由GymAware提供；（b）由Tendo Sport提供

度来计算每个测试动作的平均功率。使用连接线可以轻松地从一个练习过渡到另一个练习，而不必在每次练习选择改变角度时都重新启动设备。使用旋转编码器的优势显而易见：数据始终是直接测量值，而不是计算得出的估算值。

为了验证LPT技术，有人使用LPT进行了一项研究，该研究采用了3种跳跃（蹲跳、反向跳和跳深）方式，并将测力板的平均力量、峰值力量和时间-峰值力量的测量值与LPT的测量值进行比较。该研究得出的结论是，LPT技术是测量运动速度的一个有效且精确的工具（Cronin，Hing and McNair，2004）。在另一项研究中，研究者监测了测力板和LPT技术之间的测量可靠性，每个受试者都完成了相隔一周的两次测试，包括3次采用88磅外部负荷的反向跳。同样，测力板和LPT在测量峰值力量方面都被认为是可靠的（Hansen，Cronin and Newton，2011）。

虽然Tendo和GymAware装置的价格可能不像某些测量工具（如测力板）那样昂贵，但它们确实给许多训练房、力量和体能教练及健身教练带来了一些预算问题。那些单独或以小组形式训练运动员的教练，可能希望考虑不同的测量工具来实现其VBT日常监控。出于这方面的考虑，所有展示的VBT的示例中都使用加速度计，因为它是目前使用更为普遍的测量工具。

加速度计

如PUSH Band（参见图3.2）和Bar Sensei之类的加速度计能够准确计算速度，这些设备已经融入了我的训练计划中。加速度计与LPT不同，它使用一种算法来确定身体或杠铃的位置，以及每次运动的开始和停止时间。这种算法可以根据正在执行的练习做出一些调整。例如，在跳跃练习中，当运动员从起跳位置移动到其他位置时，它会通过角度的变化进行相应调整。加速度计没有用来计算角度的连接线，它会通过预设的内置元件来进行调整。此功能是有效的，但其得出的数据可能会比LPT的误差略大。

加速度计非常适合测量峰值速度（PV），但在检测时间和位置方面则表现较差。它通常包含着其他元件，由元件协助进行计算，但是算法通常会落后于技术。加速度计可能无法捕捉一些微小和精细的动作，如抓握杠铃和小的调整动作。

图3.2 PUSH Band

加速度计的另一个缺点是，它目前缺乏（实时）测量不同重复练习的力量的功能。正如我们所知，这是爆发力方程式的另一半。这类装置只能测量速度。虽然有些公司的门户网站提供对力量数据的访问服务，但这也有不利之处。用户需要支付昂贵的年费，而且数据并不是实时显示的。然而，在团队训练中使用加速度计有很多好处。首先也是最重要的是，加速度计的价格是人们负担得起的：加速度计的价格比LPT低得多。尽管加速度计在精确定位特定速度方面不太准确，但在不需要绝对精确的团队训练中，加速度计表现良好。其他值得指出的好处是，加速度计被设计为可佩戴在身上或杠铃上，不需要连接线，可以在任何地方使用，并且在力量训练房中占用的空间很小。我的机构里有大约15个这样的设备，多年来一直表现良好。但是，当需要获得精准的个人数据时，我还使用了一个LPT。

虽然与基于RM的力量训练相比，LPT和加速度计都显示出更高的准确性和更好的测试效果，但与任何加速度计相比，LPT是测量速度、加速度和力量的更有效和更可靠的工具。然而，对于私人训练机构和团队训练来说，加速度计仍然是一个可行的选择，因为加速度计可用于多个装置，并且可以应用于更广泛的速度范围。LPT和加速度计的优缺点参见表3.1。

表3.1　LPT和加速度计的优缺点

设备类型	优点	缺点
LPT（例如Tendo和Gym-Aware）	• 连接线会使数据更准确 • 测量不同重复练习的力量和速度	• 昂贵 • 不太方便携带 • 更容易损坏（特别是连接线）
加速度计（例如PUSH Band和Bar Sensei）	• 价格低 • 易于携带 • 在团队训练中表现良好	• 使用的算法精度比LPT略差 • 目前还不能读取不同重复练习的功率输出

设备设置和数据解释

本节将简要概述使用LPT和加速度计的基本设置。这不是一个操作说明手册，只是从连接设备到读取数据的执行过程的简单介绍。需要注意的是，每个设备的设置都略有不同。

与任何包含数据使用的设备一样，我建议通过测试不同重复练习的速度并观察速度数据的变化来了解设备的特性。即使在学习使用和应用VBT的初始阶段，你也能看到效果。

正如上一节所讨论的，市场上有许多不同类型的工具可用来测量VBT。请参阅表3.1，了解LPT和加速度计的一些优缺点。

LPT的基本设置

对于LTP，例如GymAware和Tendo，通过一根细的电缆线轴将连接线固定到杠铃上，以测量杠铃的运动距离和速度。传感器不仅会对连接线的速度和距离进行采样，还会对角度进行采样。数据可以存储在本地的终端设备上，也可以存储在云端。基本设置如下所示。

1. **设置设备。**

   这一步简单明了。当奥林匹克举重练习用的杠铃弹动导致连接绳松弛时，一些教练会担心装置的可靠性。虽然每个装置都会有一些读数问题，但绝对误差非常小，几乎无须担心。另外，大部分杠铃的弹动来自非常大的负重，而不是典型体能训练中使用的常规负荷。

2. **将设备与平板电脑配对。**

   在进行配对之前，第一步是确保Wi-Fi信号稳定。如果你在地下室或地下力量训练房中进行训练，请测试Wi-Fi的信号强度。

3. 将平板电脑放在既方便又安全的位置。

为了实现最佳功能，平板电脑应该放置在方便运动员看到数据反馈但又不影响力量练习的地方。每个设备都与专用的平板电脑配对，但数据是通用的，因此，从技术上讲，任何运动员都可以通过任何平板电脑或站点进行训练。

4. 通过云端与设备的账号同步（可选）。

大多数时候，我在本地记录数据（存储在本地移动终端上）。也有一个收集数据供团队使用的很好选项——在每台平板电脑都安全连接Wi-Fi后，将相关的应用程序连接到云端，以访问用户账号。连接非常简单，只需输入用户名和密码，剩下的事情系统基本上会自动完成。

5. 为工作流程设置目标区域和计时器（可选）。

这些都是只有LPT才能够提供的选项。有关如何设置这些功能的更多信息，请参阅用户手册。

6. 选择练习。

为了获得准确的数据，所有VBT设备都提供了针对性的练习库，其中大多数练习库涉及标准力量和爆发力的练习（深蹲、硬拉、卧推和自重练习，如反向跳、俯卧撑和引体向上）。

7. 选择合适的负荷并开始训练。

养成用最快的向心收缩速度（MVC）去完成每个重复练习的习惯。这意味着在你的身体能力范围内，尽可能地用力、尽可能快地完成每个重复练习，与此同时，VBT设备会采集速度数据，这样做可以确保数据尽可能准确。在没有尽全力的情况下获得的向心收缩速度，会使VBT设备采集的数据出现明显的偏差。

加速度计的基本设置

LPT非常不错，但你可能还记得，它通常不适合大型团队训练场景。由于每天都有大量的运动员来到我的训练中心进行训练，在过去的三年里，我在训练中心中添置了14个PUSH Band供运动员使用。PUSH Band易于上手，是LPT的不错的替代品，当健身房里有20个或更多的运动员，他们都在同一时间按照自己的个性化训练计划进行训练时，若使用LPT就会占用大量空间和时间。加速度计的基本设置说明如下。

1. 为PUSH Band充电并下载应用程序。

   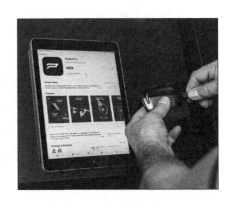

   大多数便携式加速度计都使用微型USB适配器，可以连接到笔记本电脑或墙上的电源供电器（充电器）。连接后，将应用程序下载到iOS设备上，启动应用程序，并单击菜单选项开始使用。

2. 将PUSH Band与iOS设备配对。

   每个iOS设备都有与PUSH Band配对的通道，但目前市场上的所有加速度计都是通过一个需要下载的应用程序来使用的。请注意，PUSH Band一次只能连接到一个iOS设备。所以如果PUSH Band的指示灯显示为蓝色，则意味着它已经连接到一个iOS设备上了。

3. **选择模式。**

   虽然大多数装置都带有适配器，可
   以直接放在杠铃上，但根据我的经
   验，在使用杠铃模式时，由于杠铃
   有可能从手中脱离，或在达到极限
   时从肩部上方离手，因此不同练习
   组的读数有较大的差异。出于这方
   面的考虑，我将装置直接固定在运
   动员身体上，一般用带子固定在身
   体重心周围。

4. **将平板电脑放在既方便又安全的地方。**

   为了实现最佳功能，应该将平板电
   脑放在方便运动员查看数据反馈但
   又不妨碍力量练习的地方。每个加
   速度计都与指定的平板电脑配对，
   但数据是通用的，因此，从技术上
   讲，任何运动员都可以通过任何一
   个平板电脑或站点进行训练。

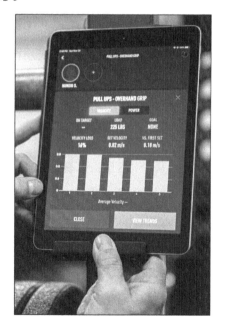

5. 将设备安装到杠铃上。

将设备安装到靠近杠铃片的位置，
使其不受抓握的影响。

6. 放置PUSH Band。

可以将加速度计戴在手臂上，也
可以将其戴在腰上，具体位置取
决于所选择的运动。在大多数练
习中，可以将PUSH Band放在前
臂上部或肱二头肌下部。你的移
动应用会显示每个练习对应的正
确的PUSH Band放置位置。注意：
对于跳跃和自由活动，大多数装
置都有一条腰带，请将PUSH Band
牢牢固定在尾骨上方的重心处。

7. 选择练习。

为了获得准确的数据，所有VBT设备都提供了针对性的练习库，其中大多数练习库涉及标准力量和爆发力的练习（深蹲、硬拉、卧推和自重练习，如反向跳、俯卧撑和引体向上）。

8. 选择合适的负荷并开始训练。

养成用最快的向心收缩速度去完成每个重复练习的习惯。这意味着在你的身体能力范围内，尽可能地用力、尽可能快地完成每个重复练习，与此同时，VBT设备会采集速度数据，这样做可以确保数据尽可能准确。在没有尽全力的情况下获得的向心收缩速度，会使VBT设备采集的数据出现明显的偏差。

解读数据

已经采集好了训练中的数据，接下来该如何做呢？在完成一组或一次重复练习后，我们可以采用许多不同方式来利用从设备中接收的数据信息，说实话，利用这些数据信息就可以写一本书了。图3.3中显示的训练区域来自图1.3（注意：为方便起见，此图在其他章中还会出现）。再次强调，虽然一些平均速度与1RM的特定百分比有关，但作为教练，最佳做法是根据运动员的具体情况创建特定的速度训练区间。图3.3中的这些特定速度训练区间适用于我的运动员，他们的年龄通常在16~24岁。

	刚性		爆发力		弹性
	绝对力量	加速力量	力量－速度（力量主导）	速度－力量（速度主导）	起动力量
	80%~100%1RM	60%~80%1RM	40%~60%1RM	20%~40%1RM	体重~20%1RM
下肢的速度范围	<0.50米/秒	0.50~0.75米/秒	0.75~1.0米/秒	1.0~1.3米/秒	>1.3米/秒
上肢的速度范围	<0.40米/秒	0.40~0.60米/秒	0.60~0.85米/秒	0.85~1.1米/秒	>1.1米/秒

（100% 90% 80% 70% 60% 50% 40% 30% 20% 10% 0）

图3.3 特定力量的速度训练区间及其与1RM百分比的关系

经许可，转载自［J.B. Mann, *Developing Explosive Athletes: Use of Velocity-Based Training in Athletes*, 3rd ed. (Muskegon, MI: Ultimate Athlete Concepts, 2016)］

换句话说，图3.3中的数据基本表明，负荷越重，移动速度就越慢。这些特定训练速度数据的有趣之处在于，速度训练区间是通过动作速度和有助于发展某种力量的速度区间来标记的。例如，力量举运动员可能会坚持采用85%1RM或更重的负荷，因为力量举运动员主要发展绝对力量，而橄榄球运动员可以采用70%~80%1RM的负荷，他们在这样的加速力量的速度训练区间内进行训练会受益更多，这使得运动员能够脱颖而出，并击败那些在力量训练房中错误使用过重负荷训练并且未能获得相同速度收益的对手。但我们不应急于求成，后面会详细讨论图3.3中的每个特定速度训练区间。

我们假设一个运动员将以280磅的负荷重复进行5次深蹲。完成练习后，该运动员获得了这组练习的平均速度，即0.62米/秒。根据图3.3中的数据，这个数据位于加速力量的速度训练区间，大概对应70%1RM，因此，运动员的估计1RM为400磅，70%1RM=400×0.70=280磅。如果该运动员的训练计划规定采用70%1RM的负荷，那么0.62米/秒这个数据就是正常的。然而，如果规定采用80%1RM的负荷，那么一组练习的平均速度应该接近于0.50米/秒，并且应该增加负荷。如果规定采用60%1RM的负荷，那么0.75米/秒就是目标数字，并且需

与需要花费大部分时间来训练绝对力量的力量举运动员相比，橄榄球运动中的前锋队员需要花费更多的时间来训练加速力量

由于各种因素，例如睡眠不足、比赛或过度训练，力量水平可能会出现高达18%的差异，这使得VBT成为自动调节训练负荷的一种重要方法

©Human Kinetics

要采用更轻的负荷。

简而言之，VBT允许通过使用图3.3所示的特定速度训练区间来提供速度和爆发力数据。这不仅可以让运动员知道自己是否在当天规定的速度百分比区间内进行训练，而且还有助于运动员自动调节并考虑日常疲劳的影响。发表在澳大利亚某杂志上的一项研究展示了运动员在执行不同训练计划之间的力量变化。研究人员发现，运动员每日的1RM会产生18%的浮动。这意味着，在某一天进行训练计划安排并以75%1RM的负荷执行此计划，而在特定训练日和训练单元中，运动员能够以处于57%~93%1RM的任何负荷进行训练（Pareja-Blanco et al., 2016）。这个研究证明了使用VBT非常有价值的一个方面，即运动员自动调节状态和考虑日常疲劳的影响。

　　每个人的训练目的不相同，所以在确定LPT或加速度计中的哪一种设备更适合你或你的运动员之前，应该考虑以下几点。

- 在团队训练的场景中是否方便应用LPT或加速度计？
- 正在进行哪些类型的练习？请记住，LPT能够更准确地跟踪那些涉及角度变化的练习，因为它有连接硬件的连接线。但是，如果训练内容是深蹲、卧推、硬拉和奥林匹克举重等标准力量练习，并且可以准确获得杠铃重量，那么无论选择哪一种设备都可以完成任务。
- 你的预算是多少，你能承受的设备价格是多少？LPT和加速度计的价格有很大差异，这使得加速度计成为更实惠的选择。

第 **2** 部分

进入 VBT 的世界

第4章

特定力量的速度训练区间

S.A.I.D.原则即"运动项目的专项需求决定了训练的特定适应性",该原则指出训练应该创造出我们期望在运动项目中表现出来的运动特征或适应能力。然而,适应类型需要根据运动员解剖结构和生理适应性而逐步调整,而且应该因运动员的不同而不同。VBT的一个明显优势是,运动员或教练能够确保他们的训练目标得到有效实现。每种类型的特定力量都与一定的速度相关。我们如果没有在特定的速度训练区间进行训练,或者没有以期望的速度进行训练,那么我们进行的训练可能没有使我们所需的特定力量得到发展。这就是特定力量的速度训练区间真正的优势所在。

在本章中,我们会更仔细地研究"特定力量的速度训练区间",以及它们所涉及的具体速度和范围,并解释这些速度训练区间的含义。此外,还需要研究它们有助于实现哪些力量的适应性,以及适合在年度计划中的哪些阶段使用它们。VBT使运动员能够准确地按照力量-速度曲线的规律来发展特定力量。现在,让我们了解特定力量的速度训练区间,以及如何通过VBT更好地使用它们。

通过速度监测力量

每个速度训练区间都与特定力量练习中的杠铃速度或身体运动速度有关,

因此会产生不同的应激，以及人体对该速度区间所对应的特定力量的适应性。这使得我们能够更好地监测运动员的相关速度，并专注于运动员试图发展的特定力量，以帮助提升该运动员的专项运动表现（参见表4.1）。

不同的运动项目需要不同类型的力量。在特定力量的速度训练区间进行训练，会有效提升该区间所对应的特定力量

©Human Kinetics

表4.1 平均速度和1RM百分比的相关性

平均速度（米/秒）	与估算的1RM百分比的关系
0.12~0.50	80%~100%1RM
0.50~0.75	60%~80%1RM
0.75~1.0	40%~60%1RM
1.0~1.3	20%~40%1RM
>1.3	体重~20%1RM

表4.1中虽然提供了与1RM百分比负荷相对应的平均速度，但实际上，最好根据运动员的情况来创建个性化的"特定力量的速度训练区间"。图4.1代表了适用于我训练的运动员的个性化训练区间，这些数据基于75~100名年龄在16~25岁的运动员。图4.1中提供了平均速度与1RM的关系，以及上肢和下肢的速度范围。下肢较长，力量练习（如深蹲、硬拉）产生的速度范围较大，上肢力量练习（如卧推、划船）的速度范围小一些，平均相差0.10~0.15米/秒。

	刚性			爆发力			弹性

绝对力量	加速力量	力量−速度 （力量主导）	速度−力量 （速度主导）	起动力量
80%~100%1RM	60%~80%1RM	40%~60%1RM	20%~40%1RM	体重~20%1RM

下肢的速度范围	<0.50米/秒	0.50~0.75米/秒	0.75~1.0米/秒	1.0~1.3米/秒	>1.3米/秒
上肢的速度范围	<0.40米/秒	0.40~0.60米/秒	0.60~0.85米/秒	0.85~1.1米/秒	>1.1米/秒

图4.1 特定力量的速度训练区间及其与1RM百分比负荷的关系

经许可，转载自 [J.B. Mann, *Developing Explosive Athletes: Use of Velocity-Based Training in Athletes*, 3rd ed. (Muskegon, MI: Ultimate Athlete Concepts, 2016)]

关注特定力量的速度训练区间

身体只关心施加于自身的刺激。身体不知道正在进行的练习类型，只知道"压力和刺激"。让我们分别仔细观察这些速度训练区间，了解它们在帮助培养训练适应性方面的意义，以及在训练周期中应用它们的最佳时间。

绝对力量的速度训练区间

绝对力量（也称为最大力量）的速度训练区间（0.10～0.50米/秒）是运动员使用80%～100%1RM负荷所能达到的速度范围，但是，由于在练习中缺乏较快的运动速度，该速度训练区间不一定是运动员在大负荷下运动表现最好的训练区间。绝对力量和加速力量是最大力量训练时涉及的主要力量（年度周期化训练计划的第三阶段，在第9章会更详细地讨论），并且通常会在1～4次重复练习之间发展绝对力量。虽然许多教练认为你应该全年训练爆发力，但他们忽略了一个事实，即爆发力是最大力量的一个函数，为了提升爆发力，我们需要首先通过在绝对力量的速度训练区间内进行训练来提升最大力量（参见图4.2）。

图4.2 以80%～100%1RM的负荷进行硬拉，在绝对力量的速度训练区间进行训练

已实现的适应性包括增加了高阈值肌纤维的体积和所募集的运动单元数量，从而改善了肌肉的收缩特性。值得注意的是，对于有丰富的力量训练经验的运动员，

其肌肉纤维的横截面积更大，可以使用更低的动作速度（有些动作的速度低至0.10米/秒）完成练习，并能完成更多次的重复练习，因为他们的绝对力量水平较高。这就是为什么进行完整的力量–速度分析并确定每个运动员真实1RM速度会给我们提供不同运动员准确的速度训练区间。

虽然绝对力量是快速力量的基础，但它并不是唯一需要发展的力量类型。虽然所有运动员，尤其是年轻运动员，都需要从绝对力量训练开始，但当动作速度和末端释放爆发力成为更重要的训练目标时，单纯的绝对力量训练的效果就会减弱。

练习

如果进行深蹲、硬拉或卧推等复合式练习（一次使用多个关节的练习），在速度训练区间进行训练，效果最佳，因为这些练习能够在较大的负荷下进行，同时能够使运动员保持良好的竞技状态。

方案

选择的练习数量	2~3
组数	4~8
重复次数	1~4
总重复次数	上下肢各重复练习15~30次
运动强度	>80%1RM
休息	3~5分钟，或根据需要进行休息

在年度计划中的训练阶段

休赛季的初期至中期。

加速力量的速度训练区间

在加速力量的速度训练区间（0.50~0.75米/秒），加速力量（或次最大力量）被描述为以中等速度移动较重负荷的能力（参见图4.3）。该速度训练区间通常是运动员完成最佳功率输出的训练区间，大部分最佳功率输出发生在运动速度在0.65~0.75米/秒或负荷在60%~65%1RM时。这是由于我们使用足够重的负荷来产生力量适应性，但当负荷没有那么重时，运动员就可以用更快的速度移动身体或杠铃，从而增强爆发力方程式中的加速度（爆发力＝质量×加速度）。加速力量的速度训练区间非常重要，因为它可以使运动员产生许多方面的训练适应性，而且经常与绝对力量的速度训练区间一起使用来训练爆发力——不仅在第三阶段（参见第9章），还包括第四阶段（参见第10章），并随着赛季的进行，使运动员在整个比赛期间（赛季中）保持力量和爆发力。

图4.3　以60%~80%1RM的负荷进行卧推，在加速力量的速度训练区间进行训练

与采用较重负荷的情况相比，由于发力时间更短，以更快的速度移动杠铃或身体的能力使运动员能够产生更大的峰值功率。在赛季中，峰值功率成了最容易下降（7~10天）但必须保持的主要力量特征。这个速度训练区间通常是运动员开始训练时我让他们采用的训练区间，因为他们需要专注于肌肉之间的协调，通过不同肌群之间的协调来完成特定的运动。由于使用较轻的负荷对运动员内环境和关节造成的压力较小，较轻的负荷有助于神经冲动并提高运动质量。在采用较重的负荷（绝对力量）时，肌肉间如果协调，会大大提高动作的成功率。

练习

在绝对力量的速度训练区间采用的练习也可以在加速力量的速度训练区间采用，但应让运动员以其1RM的较低百分比完成这些练习，这样做的目的是在训练中提高动作速度。

方案

选择的练习数量	2~3
组数	4~10
重复次数	3~8
总重复次数	上下肢各重复练习16~40次
运动强度	60%~80%1RM
休息	1~3分钟，或根据需要进行休息

在年度计划中的训练阶段

休赛季的早期和晚期以及赛季中（维持）。

力量−速度和速度−力量的速度训练区间

这两个速度训练区间都可以用来训练爆发力，但多年来，运动科学家和研究人员无法根据1RM的百分比来区分力量−速度和速度−力量（Mann, 2016）。当在力量−速度和速度−力量的速度训练区间进行训练时，使用能够达到更高峰值功率（设备会显示）而不是更高峰值速度的训练负荷似乎更合适。肌纤维横截面积较大的运动员具有更高的功率输出潜力，但这也是有代价的。较厚的肌肉组织就像一根非常粗的橡皮筋，具有较差的弹性，使肌肉难以拉伸，这使得运动员通常具有更强的力量−速度或力量−爆发能力。而肌肉具有更高收缩特性（肌肉弹性）的运动员通常更擅长以更快的速度移动，在进行速度−力量或速度−爆发力方面的训练时更有优势。然而，与肌肉更粗壮、刚性更高的运动员相比，这些运动员较小的肌纤维横截面积限制了肌肉产生更大力量的能力，这使他们承受较重负荷的能力有所不足。两类运动员的肌肉特性见图4.4。

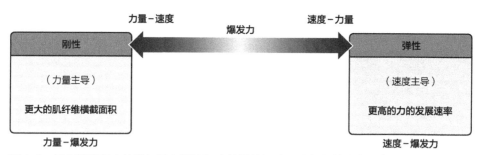

图4.4　具有刚性肌肉特性与具有弹性肌肉特性的运动员之间的特定力量差异

此外，在进行爆发力训练时，考虑速度损失也很重要。当从一组练习到另一组练习的速度损失大于10%时，运动员就无法训练爆发力，因此，需要适当减轻训练负荷（参见第6章）。如今，通过VBT，我们不仅能够监测速度来更好地区分力量−速度和速度−力量训练，还能监测功率输出，并根据运动员的爆发力特点（力量主导还是速度主导），采用适当的训练方法。

力量-速度的速度训练区间

　　力量是人运动的动力,如果没有足够的力量,就无法产生最佳爆发力。力量-速度被描述为以最快速度移动中等负荷的能力。力量-速度的速度训练区间(0.75～1.0米/秒)位于力量-速度曲线上爆发力的"力量侧",用于进行力量-速度能力训练。当谈到如何产生最高力的发展速率(RFD)时,力量-速度的速度训练区间是一个更受力量主导型运动员喜欢的训练区间(参见图4.5)。该训练区间要求采用次最大到中等的训练负荷,同时强调了发力的速度。

图4.5　以40%～60%1RM的负荷进行引体向上,在力量-速度的速度训练区间进行训练

力量－速度和速度－力量的速度训练区间

有一个重要提示，在力量－速度的速度训练区间训练时，通常需要使用弹力带来帮助调节阻力和提供辅助。弹力带可以缩短进行负荷较轻的练习时所需的减速过程，使速度主导型运动员能够在更长的时间内加速，并获得更高的功率输出。而对于力量主导型运动员，弹力带可以辅助改善肌肉收缩的特性。（请回顾第2章中关于加速和减速的内容。）

练习

负重跳跃，无弹力带辅助或有弹力带辅助的卧推、硬拉和深蹲。

方案

选择的练习数量	1~2
组数	4~10
重复次数	3~5次（可以达到预先设定功率输出的最大重复次数，基于速度或功率损失，功率损失保持在最大功率的15%以内）
总重复次数	上下肢各重复练习18~36次
运动强度	40%~60%1RM，或峰值功率
休息	充分休息，完全恢复，确保能够达到最大的输出功率

在年度计划中的训练阶段

休赛季的后期或赛前准备期。

速度－力量的速度训练区间

一些运动员侧重于爆发力的力量训练，一些运动员更侧重于爆发力的速度训练。速度－力量（或在后续章节中称为速度－爆发力）被描述为以最快速度移动较轻负荷的能力。在速度－力量的速度训练区间（1.0~1.3米/秒）的训练方案中，运动员发力的快慢，即动作速度，要比力量更加重要，这使得训练负荷成了次要特性（参见图4.6）。速度－力量的速度训练区间主要强调的是动作速度，更加关注达到峰值功率的时间，该训练区间是速度主导型运动员更喜欢的一个训练区间。

力量-速度和速度-力量的速度训练区间

　　同样值得注意的是，在速度-力量的速度训练区间进行训练时，通常需要使用弹力带来帮助调节阻力和提供辅助。弹力带可以缩短进行负荷较轻的练习时所需的减速过程。这使得那些具有更高"速度效率"的运动员能够在更长的时间内进行加速，并帮助实现更大的功率输出，而弹力带可用来帮助改善那些具有"力量主导"优势的运动员的肌肉收缩特性（请回顾第2章中关于加速和减速的内容）。

图4.6　以20%~40%1RM的负荷进行高翻，在速度-力量的速度训练区间进行训练

力量-速度和速度-力量的速度训练区间

练习

奥林匹克举重练习、采用比用于力量-速度的速度训练区间更轻的负荷进行跳跃、投掷药球，以及各种形式的快速伸缩复合练习。

方案

选择的练习数量	1~2
组数	4~10
重复次数	3~5次（可以达到预先设定功率输出的最大重复次数，基于速度或功率损失，功率损失保持在最大功率的10%以内）
总重复次数	上下肢各重复练习25~45次
运动强度	40%~60%1RM，或峰值功率
休息	充分休息，完全恢复，确保能够达到最大的输出功率

如前所述，在这个速度训练区间，我喜欢结合使用奥林匹克举重练习，例如高翻和抓举。这些运动实质上也属于末端释放爆发力练习，因为在将器械抛向空中之前，力量只在短时内施加在杠铃上（直到第二次拉动杠铃）。因此，通常使用峰值向心速度（PCV）来监测（参见第2章）这些类型的练习。使用平均速度来监测末端释放爆发力练习，得出的数据并不准确：因为没有减速阶段，运动员发力结束时并没有试图紧握器械或强行进行制动。

在谈到奥林匹克举重练习时，需要考虑另一个变量：身高。运动员的身高越高，杠铃移动的距离就越远，产生力量的时间就越长，产生更快速度的能力就越强。这与本章前面讨论的上肢和下肢力量练习之间的速度差异并无不同。同时训练多名运动员时，这个指标非常重要。如果高个子运动员采用与矮个子运动员相同的较慢节奏，由于杠铃移动距离较远，很有可能会造成过度训练。

根据我在过去几年里一直使用的运动员身高，下表提供了两种奥林匹克举重练习（抓举和高翻）的速度范围。我已将运动员身高的单位从米转换为英尺（1英尺≈0.3米，余同）和英寸。

力量－速度和速度－力量的速度训练区间

奥林匹克举重练习	运动员身高	峰值速度（米/秒）
抓举	5英尺0英寸～5英尺2英寸	1.6
	5英尺3英寸～5英尺6英寸	1.85
	5英尺7英寸～5英尺10英寸	2.1
	5英尺11英寸～6英尺1英寸	2.3
	6英尺2英寸～6英尺4英寸	2.5
	>6英尺4英寸	2.7
高翻	5英尺0英寸～5英尺2英寸	1.55
	5英尺3英寸～5英尺6英寸	1.62
	5英尺7英寸～6英尺0英寸	1.7
	6英尺1英寸～6英尺4英寸	1.85
	>6英尺4英寸	2.0

这些计算基于布赖恩·曼（Bryan Mann）博士提供的信息。

在年度计划中的训练阶段

休赛季的后期。

起动力量的速度训练区间

对起动力量的速度训练区间（大于1.3米/秒）较为恰当的描述是：克服静止时的惯性，比如一个投手从臀部开始启动投球动作，或一个运动员从"预备"位置开始起跑，该训练区间的练习通常包括投掷、冲刺或包含SSC机制的快速伸缩复合练习（参见图4.7）。请注意，许多力量和体能教练都存在一种误解，认为负荷较重的力量练习（如硬拉）会帮助提升起动力量，其实这些负荷较重的力量练习更多的是为了训练绝对力量。

图4.7　以体重~20%1RM的较轻负荷进行药球下砸练习，在起动力量的速度训练区间进行训练

练习

药球投掷练习，使用较轻的负重器械（例如负重背心、球、标枪、铁饼和绳索）进行的练习。

方案

选择的练习数量	2~3
组数	4~8
重复次数	5~12次（可以达到预先设定功率输出的最大重复次数，基于速度或功率损失，功率损失保持在最大功率的5%~10%区间内）
总重复次数	上下肢各重复练习40~84次
运动强度	较轻负荷，体重（无额外负荷）~20%1RM，或根据峰值功率进行调整
休息	充分休息，确保功率输出在各组之间都保持在10%以内

在年度计划中的训练阶段

赛季开始前最后的准备阶段。

图4.8总结了运动员在训练中使用的不同类型的力量时，他们的训练应落在力量–速度曲线的哪个位置，加速力量介于最大（绝对）力量和力量–速度。了解不同类型的力量在力量–速度曲线上的位置很重要，因为只有这样才能确保我们为自己寻找的适应能力提供了正确的力量类型。

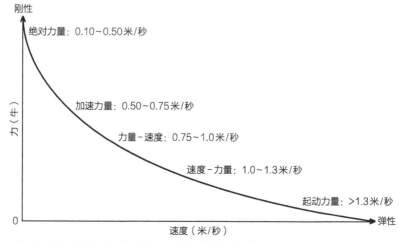

图4.8 力量的类型及其在力量–速度曲线上的位置

根据运动员所从事的运动项目以及在年度计划中所处的训练阶段，不同的运动员需要发展不同类型的特定力量。使用VBT时，我们能够更好地确定要发展的力量，无论是绝对力量、加速力量，还是速度–力量（爆发力），使用VBT比简单地使用标准1RM的百分比更准确。教练和运动员都可以使用S.A.I.D.原则，并针对他们在专项训练模块中所需的专项适应能力进行训练。

第**5**章

计算单次重复最大负荷

本章将讨论使用VBT计算1RM的一些方法，并将解释什么是力量-速度分析（也称为负荷分析）及其与训练的关系。在计算运动员的1RM之前，我们将了解进行力量-速度分析的过程。此外，我们还会讨论平均速度阈值或重复失败次数测试。

1RM测试的重要性

1RM是指运动员能成功举起一次的最大重量（参见图5.1）。多年来，1RM一直是行业标准，用于确定最大力量和确定某项训练所需负荷的力量上限（选择使用百分之几的1RM来进行特定力量训练）。1RM既是进行训练计划设计的理想工具，也是力量训练计划中力量提升的重要标志。

每个力量练习都有不同的1RM，因此应在运动员训练计划中对每个力量练习进行测试。例如，进行绝对力量和加速力量练习时选取的训练负荷就基于运动员的1RM百分比，一位运动员在深蹲时的1RM记录为300磅（1磅≈0.454公斤，下同），在卧推时的1RM记录为220磅，训练负荷的计算如下。

深蹲

绝对力量的训练负荷重量：300磅（负荷）×85%（1RM百分比）=255磅。

加速力量的训练负荷重量：300磅（负荷）×60%（1RM百分比）=180磅。

卧推

绝对力量的训练负荷重量：220磅（负荷）×90%（1RM百分比）=198磅。

加速力量的训练负荷重量：220磅（负荷）×75%（1RM百分比）=165磅。

图5.1 可以使用加速度计（或LPT）通过VBT来计算1RM。只要确保在每次测试时使用同一种型号的监测设备即可

负荷-速度关系

最近的一项研究发现，速度和1RM相关百分比之间有很密切的相关性（Jidovtseff et al., 2009）。另一项研究发现，平均速度与实际1RM之间的平均差距为0.00~0.01米/秒，这表明了1RM百分比和对应的平均速度之间存在近乎完美的相关性（González-Badillo and Sánchez-Medina, 2010）。在我看来，在使用VBT计算1RM的可靠性方面，关于相关性的这一新信息提供了重大突

用VBT计算1RM时，随着负荷的增加，运动速度会下降。

破。也许你还记得，表4.1显示了平均速度与1RM百分比的相关性。表5.1也可以说明VBT在负荷-速度关系中的作用。用VBT进行1RM测试时，随着负荷的增加，运动速度会下降。

表5.1 平均速度与1RM的相关性

平均速度（米/秒）	与估计1RM的关系
0.12~0.25	95%~100%1RM
0.25~0.50	80%~95%1RM
0.50~0.75	60%~80%1RM
0.75~1.0	40%~60%1RM
1.0~1.3	20%~40%1RM

表5.2提供了采用相同的300磅负荷并使用VBT时，负荷百分比的近似对应速度。这是一个近似值，请记住，VBT的数字会因运动员而异。这里仅提供了一个基于先前讨论的特定力量的速度训练区间的范围（参见第4章的图4.1）。

表5.2 300磅1RM的负荷−速度关系示例

负荷	1RM百分比	训练负荷	VBT速度（米/秒）
300磅	85%	255磅	0.40~0.50
300磅	60%	180磅	0.65~0.75

1RM的测试方法

正如你在第3章中看到的那样，LPT和加速度计都可以用来计算1RM。我每天都会使用这两种设备，只是为了确保每种设备在多次测试和重新测试中的一致性。加速度计的不同算法可能会使测量结果略有差异，不同加速度计的精确性和可靠性并不完全相同。你只需确保你使用的测量方法在整个测试过程中保持稳定。

使用VBT测试和推算1RM有许多不同的方法。在本书中，我只提供了以下两种计算1RM的方法：速度分析和RTF测试。无论你采用哪种方法，请记住以下几点。

每个练习都有不同的1RM，因此要对运动员训练计划中的每个练习进行测试
（a）and（b）©Human Kinetics

- 在较轻的负荷下，速度是不够精确的，且稳定性也较差。负荷越大，用1RM预测就越准确。在较轻的负荷下（低于60%1RM），速度不太稳定，因为运动速度越快，减速的需求就越大。因此，在这种情况下，平均推进速度（MPV）是一个更好的指标，因为它只测量加速阶段。

- 每种设备测量速度的方式可能都是不一样的。不同设备之间的测试结果也可能是不同的，但这没有关系，需要注意的是，在每次进行测试时，都要确保使用相同的设备，并且测试方案保持一致。

速度分析

对运动员1RM的不同百分比负荷进行速度测试，可以获得更适合运动员的监测数据。应用速度分析时首先需要测试并记录与1RM百分比负荷相对应的运动速度。速度分析的优势在于，在确定了某个1RM百分比负荷的速度后，就可以用它们代替这个1RM百分比负荷来进行训练监测。例如，如果我以0.60米/秒的速度移动75%1RM的负荷，我现在可以用0.60米/秒作为我的负荷强度，而不是75%1RM。更重要的是，正如我们之前讨论的，1RM每天的波动幅度高达18%，因此使用速度可以避免这些波动，防止某一天过度训练或训练不足。不言而喻，监测运动员的状态变化也很重要。

> 应用速度分析时首先需要测试并记录与1RM百分比负荷相对应的运动速度。

值得注意的是，虽然运动员之间的力量可能会有所不同，但1RM百分比负荷对应的速度却是相同的（Mann, 2016）。换句话说，对于两个力量差别很大的运动员，深蹲测试的1RM完全不一样，但是，当这两个运动员以60%1RM的负荷进行练习时，杠铃的移动速度是相同的（参见表5.3）。

表5.3　1RM不同的两名运动员以相同的1RM百分比负荷进行深蹲时平均速度的比较

运动员	负荷	1RM百分比	训练负荷	VBT速度（米/秒）
运动员1	300磅	60%	180磅	0.79
运动员2	475磅	60%	285磅	0.76

执行速度分析

后续章节将描述我对运动员进行力量（负荷）-速度分析时所使用的分步程序。以下案例针对的是深蹲练习，实际上，对于运动员计划使用VBT的每个练习，都可以应用相同的速度分析方案。在这个速度分析方案中，需要仔细记录从较轻负荷一直到1RM负荷过程中的多个速度数据，然后以此为基础计算出不同负荷百分比所对应的平均杠铃速度，以便有效地应用这些特定力量的速度训练区间。你可以使用表5.1中给出的范围，如果要建立个性化的速度分析表，需要更精确的速度训练区间。

在执行速度分析之前，运动员要穿着轻便的短裤和上衣（或运动内衣），脱掉鞋子和去掉所有配饰后称重。将测量的体重数据输入设备，建立基线体重，这对于获得准确的功率输出数据非常重要。与基线体重比较也是在整个训练过程中观察瘦体重变化的一个好方法。在使用LPT设备时，应根据说明将设备数据清零，以便设备重新调整基线数据。如果使用加速度计，请将它固定在前臂或杠铃上，以设备说明书中推荐的固定方式为准。

我通常会用一个16英寸的跳箱或凳子来确保每次重复练习都采用相同的深蹲幅度。虽然这确实会对离心收缩过程和肌肉收缩幅度产生一些影响，但我觉得大多数运动中深蹲的幅度不会小于16英寸。不过，如果你有特殊需求，也可以使用更低的跳箱。但是，无论使用哪种测试设备或者哪个高度的跳箱来进行测试，请确保每次测试时都使用相同的设备。

在测试前，运动员需要首先进行全身性热身练习，这可以促进血液流动并提高身体温度。接下来，一些更具体的热身运动可以让身体为即将测试的练习动作做好准备。在这个示例中，我们要测试的是深蹲练习，因此专项热身运动始于2~3组深蹲练习，1组重复3次，并逐渐增加重量，直到杠铃速度达到1.0~1.2米/秒（45%~50%1RM的负荷）。然后，开始执行正式的速度分析测试，具体步骤如下。

休息

在两组练习之间休息90秒。

重复次数

- 重复3次，直至速度降到0.75米/秒（大约是60%1RM的负荷）。
- 重复2次，直至速度降到0.50米/秒（大约是80%1RM的负荷）。
- 重复1次至失败（100%1RM的负荷）。

通常逐步增加负荷，每一组练习的杠铃速度比上一组低0.05~0.07米/秒。当负荷达到80%1RM（速度为0.50米/秒）时，再采用每次增加10~20磅的负荷增量；但是，在速度分析测试开始阶段，即在负荷较轻的时候，你可能需要使用更大的负荷增量（有时甚至高达30~40磅，甚至在速度达到1.0米/秒之前采用更大的增量）。增量的大小完全取决于运动员的能力。

速度分析时只需测试力量练习的肌肉向心收缩部分的速度，因此，使杠铃或身体进行安全、可控的离心运动（杠铃下落过程）很重要，这样做可以确保运动员不会因为明显的安全问题而过快降低负荷，尤其在负荷增量过大或移速很慢时（这会对举重练习的向心收缩肌肉的激活产生负面影响）。参见图5.2，其中提供了对深蹲进行速度分析的示例。

请注意，在杠铃重量较轻时，对于运动员来讲，由于负荷过轻，在深蹲练习的最后阶段，会产生一些额外的惯性运动（参见图5.3），因而会对测试的平均速度产生影响。如果使用峰值速度（PV），则不会影响数据，因为运动的这一部分速度分析数据已经计算出来了。随着杠铃重量的增加（超过60%1RM的负荷），这种情况就不会再出现。

图5.2　进行1RM测试时，保持测试条件一致是关键。在这里，使用了一个高16英寸的凳子来控制每次重复练习的动作幅度

图5.3 使用平均速度指标时，在深蹲练习的最后制动时杠铃会产生额外的惯性运动，这会影响测试的准确性

力量-速度分析示例

表5.4展示了一个40分钟的负荷-速度分析测试，在执行该测试方案时，我让一名5英尺11英寸、180磅（约180厘米，约82千克）的男性冰球运动员进行深蹲练习，采用的估计1RM为375磅（约170千克）。由于该运动员的训练经验丰富（有4~5年的举重经验），我们能够使用许多负荷不同的测试进行完整的分析，为他提供真正的1RM。我们现在有了这名运动员的完整的速度分析数据，但这些数据只是针对该运动员的精确数据。正如我之前提到的，这比通用数据表格中给出的速度范围更准确，但对于其他运动员来说，这些数据并不适用。

显然，杠铃重量越接近1RM（速度在0.17~0.30米/秒），测试的结果就越准确。然而，对于训练年限较短的新手运动员，我通常会将他们的速度设置为0.50~0.60米/秒（75%~80%1RM的负荷），然后从这些数据中推算1RM数值。与让没有经验的运动员在力量训练房里遭受身体和心理创伤相比，这提供了更好的风险回报。一个估计1RM为300磅的运动员的速度分析示例如下。

负荷240磅，速度为0.50米/秒（80%1RM的负荷），1RM为300磅

240/0.80＝300（磅）

表5.4 估计1RM为375磅（约170千克）的冰球运动员的速度分析示例

	负荷	VBT速度（米/秒）
热身练习	95磅	1.32
	110磅	1.26
	150磅	1.15

续表

	负荷	VBT速度（米/秒）
三次一组的练习：力量−速度 （40%~60%1RM的负荷）	170磅	1.03
	175磅	0.97
	185磅	0.87
	195磅	0.81
	205磅	0.78
两次一组的练习：加速力量 （60%~80%1RM的负荷）	225磅	0.75
	245磅	0.70
	265磅	0.64
	280磅	0.59
	300磅	0.54
一次一组的练习：最大力量 （80%~100%1RM的负荷）	315磅	0.48
	330磅	0.42
	345磅	0.32
	355磅	0.27
	365磅	0.24
	375磅	0.21（最后一次重复练习，100%1RM）

重复到失败（RTF）测试

如果没有足够的时间（比如训练一个团队），或者想在没有进行速度分析测试的情况下获得1RM速度，我会运用重复到失败测试，使运动员达到其最小速度阈值（MVT）。MVT是进行最后一组成功重复练习时产生的平均向心速度，RTF测试是获取1RM速度的另一种方式。1RM速度可能会在进行1RM负荷测试时出现，也可能会在RTF测试中最后一次成功练习时出现。

RTF测试的开始阶段与负荷−速度分析一样，先让运动员达到大约0.65米/秒的测量速度，或采用大约70%1RM的负荷，然后让运动员做下一组练习，这次练习要求运动员进行尽可能多的重复练习，直到无法完成练习。请注意，对于RTF测试，我喜欢采用70%1RM的负荷，而不是其他体能教练通常使用的60%1RM的负荷，因为与传统的1RM相比，我们仍然可以使用较轻的负荷给关节施加较少的压力，这有助于避免疲劳导致测试不准确。一项研究表明，真正的1RM速度和进行RTF测试得到的MVT几乎是相同的（参见表5.5）（Izquierdo et al., 2006）。我邀请参与力量-速度分析测试的一名冰球运动员再次参与测试，比较了其实际1RM速度和他通过RTF测试估计的1RM速度。

表5.5 比较实际1RM速度和通过RTF测试估计的1RM速度，估计1RM为375磅

方法	每次重复练习的负荷	1RM速度（米/秒）
速度分析（实际1RM）	375磅×1	0.021
RTF（最小速度阈值）	265磅（至失败）	0.023

为了应对赛季中和赛季准备期之间发生的各种情况，需要在不同时间阶段针对每个运动员的力量特点进行训练。这就是为什么速度分析对任何运动员或教练来说都是一个非常有价值的工具。分析和使用VBT可以为运动员提供个性化的数据，有助于更快地确定适应性，同时还能够参考力量水平的日常波动，为运动员提供在运动中获得成功的最佳机会。请牢记这句话：始终确保你的LPT或加速度计每次都能给你提供一致、可靠的信息。

第 6 章

自动调节和速度损失

本章将介绍自动调节的概念和使用自动调节的原则，并将讨论如何使用VBT通过监测恢复和疲劳程度来避免训练不足或过度训练，从而最大限度地提升每次训练的效果。我们还将讨论在训练爆发力时利用速度损失来提升不同训练适应性的各种方法，以及一些日常监测中枢神经系统（CNS）准备情况的快速测试方法。

定义疲劳和自动调节

在运动过程中出现的疲劳可以定义为"无法保持一定的运动强度，并可能随着运动变量（运动强度和持续时间）、运动员训练状态和当前环境条件而发生变化"（Brooks et al, 2004）。

脑和脊髓构成了中枢神经系统（参见图6.1）。躯体神经系统向中枢神经系统传递感觉和运动信号。这些生物电刺激信号会传递到指定的运动单元，运动员才得以实现最佳表现和获得高效技术。知名的体能教练查利·弗朗西斯（Charlie Francis）将中枢神经系统定义为"神经信号和运动通路的最佳传输器"。

弗朗西斯将中枢神经系统疲劳描述为"高强度运动带来的负面作用，当这些负面作用累积到一定程度时，收缩肌纤维所必需的中枢神经系统冲动就会受到阻碍"。大多数涉及中枢神经系统疲劳的研究都是通过耐力运动完成的，研

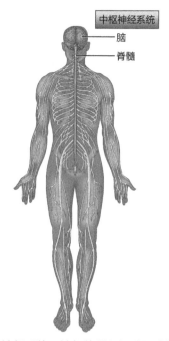

图6.1 中枢神经系统：神经信号和运动通路的最佳传输器

究者并未在高水平运动员训练速度和爆发力时对中枢神经系统的功能进行评测。根据弗朗西斯的说法，运动员爆发力下降的主要原因如下。

- 在训练周期内，过于频繁地进行高强度锻炼。
- 在单次训练中，高强度训练的训练量过大。
- 在身体没有完全恢复的情况下，过早地将高强度训练引入训练计划。

在运动员的训练计划中过于频繁或过早地引入高强度训练会大大降低CNS的功率输出。在进行训练时，我们必须考虑由压力或疲劳引起的身体准备状态的变化，不仅要考虑来自训练的压力，还要考虑所有压力源。汉斯·塞尔耶（Hans Selye）在其著作《生活的压力》（*The Stress of Life*）中指出："所有压力源都来自同一个池子。"因此，无论是比赛、力量训练、学业、人际关系，还是在城里度过一个狂欢的夜晚，都需要监测压力，并对训练进行相应调整。这也称为自动调节，是使用VBT的一大优势。

传统上，力量训练的强度是由运动员的1RM百分比决定的。然而，一项研究在负荷–速度和估计1RM的关系中，观察到了一种几乎完美的相关性（r=0.95）（Jidovtseff et al., 2011）。这使得VBT成为一个非常可靠的、比传统的基于1RM百分比负荷更明智的选择。它使教练和运动员都能将既定的力量训练变量（例如1RM百分比）与特定的运动速度相匹配。这样做有助于他们客观地识别神经肌肉是否疲劳，以便他们准确地评估训练准备情况。

> 在进行训练时，我们要考虑由压力或疲劳引起的身体准备状态的变化，不仅要考虑来自训练的压力，还要考虑所有压力源。

另一项研究发现，基于这些日常压力，运动员的1RM每天的变化幅度高达18%（Flanagan and Jovanovic, 2014）。多年来，虽然我过去一直在使用传统的基于百分比的1RM训练方案，而且现在有时仍会这样做，但我目睹了VBT的便捷和优势，以及它通过监测速度而不是负荷来评估日常疲劳程度的能力。多组或多次重复练习后的速度下降程度可以告诉我们存在肌肉紧张或拉伤风险的程度。这对于监测团队中的一些运动员的疲劳情况非常有效（参见图6.2）。

自动调节使运动员能够根据特定力量训练日的身体准备状态来选择更合适的负荷进行训练，这意味着，尽管在训练过程中力量可能出现变化，但达到特定速度的相关1RM百分比不会改变（Sánchez-Medina and González-Badillo, 2011）。换句话说，如果你以0.62米/秒的速度移动70%1RM的负荷，即使力量增益出现上升或下降，该速度也始终与当前的70%1RM的负荷有关。

图6.2 在团队训练中使用VBT来监测速度损失（而不是负荷）非常有效

为了进一步解释这一点，表6.1提供了一名运动员的三项独立训练的详细信息，在初始测试中，该运动员分腿下蹲练习的1RM是285磅。在第一次训练时，运动员以0.62米/秒的速度移动200磅的负荷，这大约是70%1RM（285磅 × 0.70 ≈

200磅）。在接下来的训练中，运动员似乎受到外界压力的影响，如缺乏睡眠或补水不足，只以0.62米/秒的速度移动175磅的负荷，这一天采用的负荷仍是70%1RM。现在相当于使用了250磅的1RM（250磅×0.70＝175磅），这意味着该运动员的1RM因残余压力和累积疲劳而下降了约12%。简单分析当天的速度监测数据，我们就可以发现，运动员的状态变差，受伤的风险增加了。在我们根据运动员状态减轻训练负荷后，运动员在当晚睡得很好，并在第二天的决赛中取得了胜利；在下一次训练时，运动员感觉自己精力充沛，以0.62米/秒的速度移动210磅的负荷。因为运动强度建立在速度的基础上，所以我们知道，该负荷仍是70%1RM，根据计算（300磅×0.70＝210磅），我们可以看到，现在运动员的1RM达到了300磅。这表明该运动员的1RM增加了约5%——这正是我们希望看到的成果！

表6.1　一个估计体重为285磅的运动员的每日训练准备状态的波动情况

训练日	负荷（重复3次）	平均速度（米/秒）	每日估计1RM
第1天	200磅	0.62	285磅
第2天	175磅	0.61	250磅
第3天	210磅	0.63	300磅

我们如果每次训练都以该运动员最初的1RM测试值为基础，那么不仅会在运动员训练准备状态较差的第2天对运动员进行过度训练，还会增加运动员受伤的风险。研究（González-Badillo & Sánchez-Medina, 2011）发现，速度损失和代谢压力（乳酸和氨的积累）之间的高度相关性源于过度训练（疲劳）。此外，在训练准备非常充分的第3天，如果按照1RM的百分比负荷来确定杠铃重量，就会发现我们没有让运动员得到充分训练，而且可能还阻碍了训练适应性的提升。这是一个非常好的示例，展示了VBT在自动调节训练和最大限度地提高运动员收益方面的特殊优势。

通过速度损失监测来实现力量适应

使用VBT时，可以用LPT或加速度计监测速度损失的百分比。在进行爆发力训练和爆发力耐力训练时，可以将每个设备都设置为显示两次重复练习之间或两组练习之间的速度损失（参见图6.3）。当速度或功率损失超过规定的水平时，运动员可以选择减少重量、增加休息时间或者结束本次训练。

研究（Pareja-Blanco, 2016）发现，由较明显的速度损失引发的肌肉疲劳的渐进性积累，是力量训练中影响身体适应能力的一个重要变量，它会对神经肌肉系统的功能和结构（力量、爆发力和肌肉增长等方面）产生明显影响。监测速度损失对于获得专项训练适应性并确保不会造成肌肉酸痛而对即将到来的比赛或运动表现产生负面影响至关重要。根据这项研究，表6.2基于一组练习中不同的速度损失提供了3种不同的训练适应性。（我们将在后面关于训练计划安排的章节中仔细研究这些数据。）

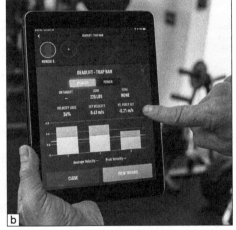

图6.3 在进行耐力训练时，可以监测（a）两次重复练习之间或（b）两组练习之间的速度损失

表6.2 与特定力量训练适应相关的速度损失

训练适应性	速度损失
增加I型肌肉体积	40%~50%
增加II型肌肉体积	10%~20%
力量	20%~30%
爆发力或速度	<10%

增加Ⅰ型肌肉横截面积和增加Ⅱ型肌肉横截面积

当进行刺激Ⅰ型肌肉增长的训练时，两次重复练习之间或两组练习之间的40%~50%的速度损失会导致Ⅰ型（慢缩型）肌纤维横截面积获得更多增加，而10%~20%的速度损失则适用于刺激Ⅱ型（快缩型）肌纤维增生的训练。为了实现Ⅰ型肌肉增长，运动员应该使用50%~70%1RM（或略少）的负荷，但这增加了重复次数和肌肉收缩时间，会引发更严重的肌纤维损伤。然而，这反过来又有

在进行刺激Ⅰ型肌肉增长和Ⅱ型肌肉增长的训练时，两次重复练习之间或两组练习之间的40%~50%和10%~20%的速度损失分别会促进Ⅰ型肌纤维和Ⅱ型肌纤维的横截面积最大限度地增加。

助于提升超量恢复能力，使肌纤维在疲劳消失后产生高于基线的适应性增长。如果肌纤维充分恢复，且新的压力时间安排得当，运动员可以在随后的训练中使用相同或更重的训练负荷。这种更大的刺激是创造更多训练适应性的关键，它会增加Ⅰ型肌纤维的横截面积。监测损失对获得专项训练适应性并确保不会产生任何残余酸痛（可能对第二天的比赛或运动表现有负面影响）至关重要。

然而，如果我们的训练目标是刺激Ⅱ型肌纤维的增生（第8章中会有更多介绍），最好将速度损失保持在10%~20%，这会引起Ⅰ型肌纤维出现微细损伤，同时仍然保持对Ⅰ型肌纤维的刺激。牢记这一点很重要，因为速度损失超过40%或一直训练到无法训练会严重影响跳跃能力，并会导致长达48小时之久的延迟性肌肉酸痛（DOMS）。但是请注意，研究表明，传统的RTF测试并不一定会导致更大的力量或肌肉增长，因为运动员的力量和准备情况每天都会根据力量训练房内外的各种压力源而发生变化（Pareja-Blanco et al., 2020）。

力量

与流行的看法相反的是，当速度损失较少时，力量明显较多地增加。如前所述，一项研究表明，虽然肌肉横截面积在速度损失阈值超过30%的情况下会明显增加，但当运动员在这种情况下进行训练时，力的发展速率会明显下降（Pareja-Blanco et al., 2020）。考虑到这一点，我喜欢使用更大的次最大负荷（60%~70%1RM或0.60~0.75米/秒）进行多组练习，每组重复3~5次。使用次

最大负荷，并采用多组数、少重复次数的训练方案，可以确保适度的速度损失（20%~30%），这样训练后力的发展速率没有下降，并且运动员可以在24~48小时内恢复身体。这是防止出现可能影响第二天运动表现的肌肉酸痛的关键。

爆发力和速度

在训练爆发力和速度时，运动员不能处于疲劳状态，否则他们将无法有效地调动训练爆发力所需的Ⅱ型肌纤维（参见图6.4）。在疲劳状态下进行训练，还会造成动作代偿，从而产生不良的动作模式，但更重要的是，它可能导致受伤。在使用VBT时，随着赛季的临近，我希望速度损失在10%以下，同时监测功率输出而不是杠铃速度。然而，功率输出和杠铃速度都有可能被监测。

图6.4 在训练爆发力和速度时，运动员不能处于疲劳状态，因为疲劳使他们无法有效地调动训练爆发力真正需要的Ⅱ型肌纤维

以下3个示例是我在进行增加肌肉横截面积的训练、爆发力训练和力量训练时，将速度损失百分比纳入训练计划的不同方法：

- 对重复次数的调整；
- 对练习组数的调整；
- 对负荷（运动强度）的调整。

我选择用这3种方法来展示如何在训练不同的运动特质时，通过监测速度损失百分比来帮助调整重复次数、练习组数或负荷（运动强度）。需要注意的是，下面的方案展示的是对练习组数和重复次数的调整。但实际上，通过3种方法对肌肉的3种适应性进行调控都是可行的。

表6.3总结了本节讨论的3种方法。

表6.3　针对不同训练适应性的3种调控方法

方法	组数	重复次数	运动强度或负荷	目标速度损失	休息	训练适应性
方法1	8	—	0.75~1.0米/秒（40%~70%1RM）	40%~50%	1分钟	增加肌肉横截面积
方法2	—	3	0.75~1.0米/秒（40%~70%1RM）	<10%	1分钟	速度或爆发力
方法3	8	3	0.50~0.75米/秒（60%~80%1RM）	10%~20%	2分钟	力量或爆发力发展

方法1：基于速度损失的重复次数调整

我在进行增加肌肉横截面积和提升肌肉耐力（短时间）的训练时使用这种方法。在预定数量的练习组中使用相同的重量，一旦记录到超过50%目标速度的速度损失，重复练习就会终止。如果运动员能以期望的速度移动杠铃超过20次或一组练习的总时间超过1分钟，则必须增加负荷。

目标速度损失

40%~50%。

适应性

增加肌肉横截面积（增加I型肌肉横截面积）。

能量系统

乳酸系统、有氧系统。

组数和重复次数

以40%~70%1RM的负荷，或以0.75~1.0米/秒的速度，进行8组×?（重复次数不超过20次或每组练习的总时间不超过1分钟即可）次重复的练习。

休息

两组练习之间休息1分钟。

方案

1. 选择所需的负荷和速度（0.75~1.0米/秒）。

2. 负荷不变；进行一组练习，直到重复练习的动作速度低于40%目标速度。例如，目标速度是0.80米/秒，那么当监测到运动员的动作速度低于40%目标速度（0.32米/秒）时，就可以结束这组练习了。注意：请提供第二次机会。很多时候运动员会通过更加努力地锻炼来达到预定速度值。如果运动员连续两次练习都没有达到预定速度，那么应该减轻杠铃重量，或者应该终止针对特定力量的训练。

3. 如果运动员可以在一组练习中以期望的速度移动杠铃超过20次或持续练习超过1分钟，或者在8组练习中都能保持相同的重复次数，同时保持所需的速度损失，那么杠铃重量可能太轻了，需要适当增加杠铃重量。

方法2：基于速度损失的组数调整

我在训练爆发力和爆发力耐力时会基于速度损失进行组数调整（第10章中有详细介绍）。再次申明，在所有练习组中使用相同的重量和相同的重复次数。当一组练习的平均速度损失大于运动员的初始平均目标速度的10%或15%时，应该终止这组练习。同样，请提供第二次机会。

目标速度损失

低于10%。

适应性

速度或爆发力。

能量系统

ATP-PC（磷酸肌酸）系统（爆发式的运动项目）。

组数和重复次数

以40%~70%1RM的负荷或以0.75~1.0米/秒的速度，进行?组×3次重复的练习。

休息

两组练习之间休息1分钟。

方案

1. 选择所需的负荷或速度（0.75~1.0米/秒）。
2. 确定第一组练习的平均速度，该速度将成为你的参考标准。
3. 继续做几组练习，直到某一组练习的平均速度损失超过第一组练习的10%。
   例如，目标速度是0.80米/秒，当记录到某组练习的平均速度损失超过第一组练习的10%或15%时，训练就结束了。同样，请提供第二次机会。
   注意：如果运动员能完成8~10组完整的练习，每组练习的速度损失小于5%，则说明负荷太轻了，需要增加杠铃重量。

方法3：基于速度损失的负荷调整

我在训练最大和次最大（加速）力量时会使用这种方法。在记录到的速度损失在目标速度的10%~20%的情况下，改变练习组采用的负荷。还可以用该方法衡量运动员在训练当天的身体准备情况。当记录到的速度损失超过目标速度的10%~20%时，则需要调整负荷。

目标速度损失

20%~30%。

适应性

力量、爆发力发展；这也是一种测试日常训练准备情况的好方法。根据运动员在训练日当天的身体准备情况提供负荷。

能量系统

ATP-PC系统（一组练习持续1~10秒），乳酸系统（一组练习持续10秒至1分钟）。

组数和重复次数

以60%~80%1RM的负荷，或以0.50~0.75米/秒的速度，进行8组×3次重复的练习。

休息

两组练习之间休息2分钟。

方案

1. 选择所需的负荷或速度（0.50~0.75米/秒）。
2. 增加或减少从一组练习到另一组练习的负荷，让8组练习的速度损失保持在目标速度的10%~20%。

用VBT测试CNS的准备情况

在进行日常测试时，关于哪种类型的动作能更好地衡量训练准备情况，目前仍未有定论。大多数教练采用较大的动作，例如CMJ，但我个人更喜欢使用幅度更小、速度更快的动作，如快速连续反弹跳跃。原因很简单，与比较大的动作相比，这些动作受疲劳的影响更大。在训练计划开始前进行快速连续反弹跳跃测试，以监测疲劳度（参见图6.5）。

图6.5　在训练前进行快速连续反弹跳跃的测试，以监测疲劳度

我喜欢采用10次快速连续反弹跳跃来进行测试，然后获得这组练习的平均速度。在采用较大负荷进行训练的日子里，或主观用力程度分级（RPE）为9或10的训练日，需要再次进行测试，并以运动员基线平均速度的10%作为评价标准。如果发现任何速度损失超过10%的情况，则将当天的训练量减少20%。如果发现任何速度损失超过20%的情况，则完全取消高强度的训练任务。其原因是，运动员的中枢神经系统可能无法承受高强度的训练任务，从而大大增加受伤的风险。表6.4显示了一名运动员在4个不同的训练日中的3种不同情况，其快速连续反弹跳跃的基线平均速度为0.92米/秒。

正如表6.4所示的第1天监测数据，这名运动员的速度损失在基线平均速度0.92米/秒的10%以内，所以训练会照常进行。然而，在第2天，由于前一天进行了两场加时赛，运动员的中枢神经系统非常疲劳，因此训练量需要减少20%。在第3天，多种压力（比赛、学业考试和缺乏足够睡眠）使得中枢神经系统较为疲劳，所以最好在这一天完全避免高强度的训练任务。在第4天，即期中考试后，经过充分的休息和恢复，中枢神经系统恢复正常，因此可以正常进行训练，甚至可以适当增加负荷或训练量。

这个示例很好地说明了在身体状态良好时训练会非常顺利，而中枢神经系统疲劳可能会引起过度训练或疲劳积累。我们现在会通过VBT对运动员的中枢神经系统的疲劳度进行监测，并通过提供具体的数据，帮助运动员在训练期间保持更稳定的身体准备水平。

表6.4 运动员以0.92米/秒的基线平均速度进行10次快速连续反弹跳跃，以获得4天的基线平均速度

第1天	0.84米/秒	约9%的速度损失	准备训练
第2天	0.79米/秒	约14%的速度损失	训练量减少20%
第3天	0.72米/秒	约21%的速度损失	完全跳过高强度训练日
第4天	0.97米/秒	无速度损失	准备训练

　　我发现VBT改变了自动调节的规则，自动调节过程使得教练和运动员能够根据练习组内或每天的速度损失来调节个人压力。身体疲劳会导致速度损失，所以应该减少总负荷（负荷 × 重复次数 × 组数），以防止运动员进行过多无效的重复练习，并影响所预期的训练适应性。

　　一项研究表明，可以用10%~30%的速度损失来控制身体的代谢压力，同时优化力量训练的刺激并限制疲劳的负面影响（Pareja-Blanco et al., 2016）。这项研究还指出，采用较低的1RM百分比（40%~50%1RM的负荷）不仅使运动员可以采用更多的重复次数，还可以让肌肉紧张状态持续更长的时间，这会使肌纤维得到充分刺激，进而增加I型肌纤维的横截面积。换句话说，随着疲劳的出现，速度会减慢，而VBT有助于使我们控制所有方面。

第3部分

将VBT融入训练计划

辅助练习的使用

在下面的训练计划中，练习的编号为1a和1b、2a和2b，依此类推。例如，"1b"练习是一种灵活性练习，被用作主要练习（1a）的休息期间的辅助练习。辅助练习有以下两个作用：首先，辅助练习有助于维持训练计划中的运动强度；其次，辅助练习可以最大限度地节约时间，它充分利用了主要练习的组与组之间所必需的休息时间。例如，我们假设硬拉练习的编号为1a。紧随硬拉练习的1b练习是某种灵活性练习。通过计算可以了解，我们大约有1分钟的休息时间可以进行辅助练习。因此，如果我们处于力量训练阶段，两组练习之间需要休息3分钟，那么训练方案将如下所示。

	练习	组数	重复次数	休息	节奏	VBT速度（米/秒）
1a	硬拉	5	3	—	爆发式	0.40~0.50
1b	臀部肌肉伸展	4	每侧重复6次	2分钟	—	—

以下各章包括各个训练阶段或训练模块。5个训练阶段组成一个完整的为期一年的训练大周期，或一个年度周期化训练计划。这些训练阶段可粗略按以下时间顺序排列（后文再进行细分）：准备期、过渡期和比赛期。

需要注意的是，长时间不断进行比赛可能使一些运动员无法拥有完整的6个月的训练时间。在这种情况下，建议教练或运动员从赛季开始往前或往后推算比赛期间的训练时间，并确保训练中包含力量训练、爆发力训练和将爆发力转化到专项运动中的训练。

注意：我没有在本书中介绍第二个转换期或过渡期，因为这段时间（2~4周）通常被视为恢复期，主要涉及充分休息和主动恢复措施。然而，如果运动员或教练认为较少量的加速力量训练结合充分休息比完全休息更有益于运动员的身体恢复，并且可以为执行下一个赛季前训练准备期计划做好准备，则可以安排一些适当的训练内容。如果是这种情况，建议在该阶段安排一个短的次最大力量训练阶段（与第三阶段内容基本一致），训练量控制在第三阶段通常规定的训练量的70%以内。

　　由于我每天都会与精英棒球运动员一起工作，因此我提供了一个关于高中或大学棒球运动员及其赛季的年度计划的示例。这个示例对其他运动项目的年度计划安排也同样适用。如前所述，在设计不同的周期化训练计划时，请记住，每个阶段花费的时间会根据运动项目不同和运动员不同而存在差异。下表是我为精英棒球运动员设计的年度周期化训练计划的示例。

训练期	阶段	训练量	比赛量
准备期I（休赛季早期）	第一阶段：组织准备 第二阶段：增加I型和II型肌肉横截面积	中~多	少
准备期II（休赛季中期）	第三阶段：提升次最大和最大力量	多	少
过渡期I（休赛季后期至赛季前）	第四阶段：提升爆发力和肌肉耐力	中	中~多
比赛期（赛季中）	第五阶段：维持力量与爆发力	少	多
过渡期II（赛季结束）	力量维持，恢复	少~中	少

第 7 章

使用VBT进行年度周期化训练

任何训练计划的最终成功都表现在使运动员产生特定生理适应的能力方面，这种适应将转化为运动表现的提升（Poliquin, 1988）。这是通过使用年度周期化训练计划设计的概念来实现的。如果不熟悉周期化的一些关键概念，那么尝试通过VBT或其他任何方法来应用杠铃速度或身体运动速度将是一种草率之举。在前面，我们详细讨论了VBT是什么，它的理论基础是什么，以及如何读取数据和监测疲劳程度。我们现在将讨论两个常见的问题，即如何设计训练计划和如何充分应用VBT。

1. 如何在一名运动员或一个团队的完整年度计划中进行训练安排并使用VBT？
2. 如何将一年的训练分成不同的训练阶段？

要回答以上两个问题，先讨论一下周期化。只有对周期化有基本的了解，才能有效地为运动员安排训练计划。本章将简要解释训练循环和训练周期，并将它们分解为不同的阶段以及这些阶段的各种层级（连续过程），以揭示如何在合适的阶段使用特定力量的速度训练区间（来自第4章）。

周期化：训练循环、训练周期和训练阶段

周期化训练是一种经过精心组织和设计的训练，目的是在训练过程中使运动员的身体可以得到充分的恢复，并达到提升运动表现的最终效果。周期化是指在运动员的一年或一个赛季中，通过将年度或赛季训练计划划分为较小的训练周期和训练阶段来实施该计划，以便最大限度地提升竞技表现。

在周期化训练中，设计整个周期的结构（包含训练阶段的种类和数量）和确定每个训练阶段的持续时间都高度依赖于以下要素。

- 正在训练的运动员从事的运动项目和运动员的个性特点。
- 团队或运动员的特定需求。
- 团队或运动员目前所处的训练周期或训练阶段。

通过将运动员的年度或赛季训练计划划分为较小的训练周期和训练阶段，可以让运动员的身体得到充分恢复并最大限度地提升竞技表现

©Human Kinetics

每一个要素都会深刻影响训练计划的设计和预期的训练适应性。例如，一名职业棒球运动员有一个很长的赛季（约6个月），之后是一个很长的休赛季（约5个月）。这使得这名职业棒球运动员的训练计划安排比高中足球运动员容易得多，因为高中足球运动员在一年中有多个较短的比赛期。

> 周期化训练是一种经过精心组织和设计的训练，旨在最大限度地提升运动员的运动表现。

一旦制订了训练计划，我们就可以在自己的训练计划安排中使用VBT，即根据本阶段所训练的特定力量，我们就可以选择在适合的速度训练区间开始训练，然后就可以将注意力转移到我们在该训练阶段试图实现的特定力量适应上。后续章节会更详细地介绍此内容，现在，我们将深入了解什么是大周期、中周期、小周期和训练阶段，以及如何将它们融入针对运动员或团队设计的年度训练计划。

训练循环

训练计划中会采用各种训练周期（一般包括大周期、中周期和小周期），这些训练周期是根据运动员在特定时期或训练阶段所花费的时间进行区分的。这些训练周期可以进一步分解为各个训练阶段。表7.1提供了美国国家体能协会（NSCA）于2016年公布的训练周期的层级和参数。

> 训练计划中会采用各种训练周期，这些训练周期是根据运动员在特定时期或训练阶段所花费的时间进行区分的。

只有在了解如何使用不同的训练周期后，我们才能开始制订运动员的训练计划。训练计划通常是一个赛季的或全年的（年度）计划。

表7.1　年度计划的周期划分

训练周期	持续时间	描述
大周期	数月或一年（取决于专项运动赛季的时间安排）	通常在划分周期性计划或年度计划的时间时使用
中周期	2~6周	通常在划分周期性计划或不同训练板块的时间时使用，常见的时间范围是4~6周
小周期	数天或两周	最小的训练周期，常见的持续时间是1周

一旦我们了解了周期的概念，包括它的使用方式和时间，我们
就可以开始制订运动员的周期化训练计划

©Human Kinetics

训练周期

我们参考周期化概念将全年时间划分为不同的训练周期，这些训练周期
就像我们的身体一样，在不断适应的过程中动态发展。因此，还应该将这些年
度计划中的训练周期和持续时间的安排视为一个连续渐进的过程。通过这种方
式，我们可以更有效地组织运动员整个年度计划中处于许多不同阶段的训练。
我将这个年度计划（大周期）分成4个不同的中周期，这有助于我系统地组织
运动员或团队的训练，训练的主要目标是在比赛（赛季）来临时帮助运动员达
到最佳运动表现。

下面将提供一个年度计划示例，它包括所有的训练周期和阶段，以及应
用的每种特定力量的速度训练区间。虽然这个示例主要针对棒球项目，但是可
以将它应用于任何运动项目和运动员，只是在执行计划时需要充分考虑运动专
项的特点、运动员的个体需求和比赛日程。棒球运动员的年度计划示例如下。

- 准备期。这个时期是休赛季的早期或中期，持续4~5个月。

- 过渡期I（向运动专项转化）。这个时期是休赛季后期或临近赛季阶段，持续6~12周。
- 比赛期。这个时期就是赛季，持续时间取决于运动项目。
- 过渡期II。这个时期是赛季结束或恢复期，持续1~4周。

训练阶段

训练周期可以进一步细分为多个中周期（通常称为训练板块或训练阶段，本书将它们简称为阶段）。这些阶段有助于指导教练或运动员专注于某种特定能力的训练，并设计一个结构良好的、高效的训练计划，其最终目标是在比赛期或赛季到来时使运动员达到最佳运动表现。

请注意，这些阶段被认为是中周期，因为它们持续2~6周的时间。我个人很少使用小周期（1~2周），因为我认为至少应该有一周的时间用于运动学习，然后才开始考虑自己在这个阶段的训练。因此，我通常会为这些阶段分配4~6周的时间。

要想专门讲清楚年度和月度计划的所有不同安排方式，可能需要单独撰写一篇文章。表7.2显示了一个年度计划示例，在该示例中，我对棒球运动员年度计划中的训练周期和阶段进行了划分。同样，这些阶段及其大致持续时间可能根据运动项目、比赛时间安排和运动员个体特点而有所不同。

表7.2 棒球运动员年度训练计划示例

训练阶段	准备期	过渡期I	比赛期	过渡期II
赛季	休赛季早期或中期	休赛季后期或临近赛季阶段	赛季中	赛季结束或恢复期
持续时间	4~5月	6~12周	取决于运动项目	1~4周
训练重点	组织准备，增加I型肌肉横截面积（次最大力量），增加II型肌肉横截面积（最大力量）	提升爆发力和肌肉耐力	维持力量与爆发力	维持加速力量（力量-速度）或完全休息
适用的特定力量的速度训练区间	力量-速度、加速力量、绝对力量	力量-速度、速度-力量、绝对力量	加速力量、力量-速度、速度-力量	力量-速度和加速力量

用VBT进行年度训练计划安排

为了能够更有效地利用VBT，首先要加深对训练周期的理解，并了解在将年度周期化训练计划分解为若干中周期计划时，我们试图完成的训练任务是什么。

准备期

准备期（休赛季早期或中期）的目标是提升基础力量、肌肉含量和绝对力量的基线，以便运动员在过渡到向运动专项转化的后期阶段时能够以更大力量和更快速度进行训练。准备期的训练阶段一般包括以下速度训练区间。

- 组织准备（0.75~1.0米/秒）。
- 增加I型肌肉横截面积（0.75~1.0米/秒）。
- 增加II型肌肉横截面积（0.40~0.6米/秒）。
- 绝对力量（<0.50米/秒）。

> 深蹲、硬拉、卧推和划船等基础力量练习是准备期的重点。

深蹲、硬拉、卧推和划船等基础力量练习是准备期的重点。运动员会在早期使用多关节复合式力量练习来锻炼主动肌的整体力量，同时还会锻炼辅助肌肉（小腿三头肌、肱三头肌等）。在此期间，较重的负荷让运动员的肌肉长时间处于紧张状态，以创造这些肌肉的适应性。因此，这个阶段并没有太多针对运动专项的训练内容。

过渡期I（向运动专项转化）

过渡期I（休赛季后期或临近赛季阶段）将在准备期获得的力量转化为与爆发力相关的力量（力量–速度）和速度（速度–力量）。在训练这些类型的爆发力时，需要考虑优先使用哪种特定力量，并根据运动员和运动专项来决定优先级（第10章中会更详细地介绍此内容）。过渡期I中一般会采用以下速度训练区间。

- **绝对力量**

  （<0.50米/秒）

- **力量-速度**

  （0.75~1.0米/秒）

- **速度-力量**

  （1.0~1.3米/秒）

为了将之前在休赛季训练中所获得的适应性转换为运动员的专项运动表现，这个阶段的练习更接近运动项目中的动作（参见图7.1）。例如，如果正在训练一名篮球运动员或橄榄球外接手，那么可以采用弓步行进和侧弓步等练习来训练力量-爆发力，并采用负重跳跃来训练速度-爆发力。

图7.1 学习如何将在准备期获得的力量快速应用到运动员各自的运动项目中，这是在过渡期I要优先考虑的训练重点

比赛期

在比赛期（赛季中），在减少运动量的同时，进行保持甚至能够稍微增加力量和爆发力的训练。减少运动量（通常是减少练习组数和重复次数），并减少练习中的离心运动，这样做可以减轻第二天肌肉的酸痛感。还需要注意的是，由于在这段时间内会同时进行竞技运动所需的专项训练，所以会采用混合式训练。这样做是为了在体能训练时间很少的情况下解决一些专项适应性问题（第11章会对此进行更详细的介绍）。在比赛期一般会采用以下速度训练区间。

- **加速力量**（0.50~0.75米/秒）
- **力量－速度**（0.75~1.0米/秒）
- **速度－力量**（1.0~1.3米/秒）

更接近运动专项动作结构和能量代谢特点的练习可能包括：基础力量练习，例如以0.50~0.75米/秒或60%~80%1RM的负荷完成深蹲变式练习和卧推变式练习（加速力量）；以0.75~1.3米/秒或20%~60%1RM的负荷完成负重跳跃练习和奥林匹克举重练习（力量－速度或速度－力量）；冲刺训练和变向（COD）练习（体重~20%1RM）（参见图7.2）。

过渡期II

在过渡期II（赛季结束或恢复期）积极进行恢复是本阶段的重点。一个选择是让运动员在开始新的年度训练计划或身体恢复之前完全休息，在身体和精神上都得到恢复。另一个选择是让运动员进行少量的力量训练以保持力量水平，同时结合软组织松解和灵活性练习来加快恢复。如果选择后者，可进行练习组数较少和运动强度较低的轻负荷力量训练，在此期间仍可少量使用VBT。除非因为受伤而需要更多的恢复时间，否则建议在此阶段花费的时间不超过4周；如果超过4周，运动员在开始下一个年度周期时，将不得不在接下来的准备期投入更多的时间。

图7.2　在比赛期，更接近运动专项动作结构和能量代谢特点的练习是最佳的选择

线性和波动周期

　　本节介绍两种常用的周期模式：线性周期和非线性周期（也称为波动周期）。首先简要介绍每种周期模式，然后分别讨论两种周期模式应用的时机。

线性周期模式

　　1964年，莱昂·马特维耶夫（Leon Matveyev）提出了线性周期模式。线性周期模式通常指在一个中周期内进行训练的负荷基本保持不变，然后过渡到不同的训练负荷区间或训练阶段。这种周期模式可以让运动员在特定的训练适应性中停留更长的时间。

　　线性周期模式比较适合新手运动员或在休赛季有更长准备期（超过8周）的运动员。参考线性周期模式制订的训练计划有一定的优势，因为它可以让运动员更好地做好身体准备，以便在将来的训练中应对更多的变化。这在赛季中起着非常重要的作用，因为我们训练特定力量适应性的时间越长，一旦比赛开始，该特定力量能够保持的时间也越长。例如，通过线性周期模式在最大力量阶段保持 4~8 周训练的运动员要比在非线性模式下每周只进行一次力量训练并持续一个月的运动员保持力量的时间更长。（第11章会更详细地介绍这方面的内容，包括赛季中训练和训练余波效应的管理。）

线性周期模式可以通过两种方式进行应用。

- 组数和重复次数保持不变，增加运动强度和运动量。休赛季早期至中期是使用这种方法来增强力量的较好时机，因为随着阶段的推进，总运动量会增加（参见表7.3，请记住，VBT范围是估计值）。
- 增加运动强度，同时减少训练量。在训练阶段中调整组数和重复次数时，就会出现减少训练量的情况。休赛季后期是使用这种方法的较好时机，因为这个阶段是由训练期逐渐过渡到比赛期（参见表7.4，请记住，VBT范围是估计值）。

我对大多数运动员的年度计划采用线性周期模式。然而，如果练习或时间存在问题，而且待在力量训练房内的时间较少，我会在赛季中采用非线性周期模式，有时在过渡期也会采用这种非线性的模式。

表7.3 在线性周期模式的力量训练的中周期，运动量和运动强度会逐渐增加

第1周	第2周和第3周	第4周
以0.65~0.75米/秒的速度（60%1RM）进行5组练习，每组练习重复5次	以0.60~0.70米/秒的速度（70%1RM）进行5组练习，每组练习重复5次	以0.50~0.60米/秒的速度（80%1RM）进行5组练习，每组练习重复5次

表7.4 在线性周期模式的爆发力训练的中周期，运动量逐渐减少而运动强度逐渐增加

第1周	第2周和第3周	第4周
以0.65~0.75米/秒的速度（60%1RM）进行8组练习，每组练习重复2次	以0.60~0.70米/秒的速度（70%1RM）进行6组练习，每组练习重复2次	以0.50~0.60米/秒的速度（80%1RM）进行4组练习，每组练习重复2次

非线性（波动）周期模式

1988年，查尔斯·波利金（Charles Poliquin）提出了非线性周期模式（波动周期模式），这种周期模式涉及每周或每天的训练负荷和训练量的波动，并在一个特定时间段内会同时训练几种不同的身体适应能力。非线性周期模式并不能在休赛季的早期和中期提供足够长的生理适应期（阶段），因为在这段时间内，每周甚至每天都在训练不同的特定身体适应能力。这种周期模式的优势在于能够兼顾多种训练适应性（阶段），无论这些训练是每日、每周还是每两周（小周期）的训练，这使得运动员的身体能够在每周的训练中对各种挑战做出反应（不像线性周期模式，每次只专注于一种力量训练）。因此，非线性周期模式是赛季中安排训练计划的理想选择，可以让运动员在比赛期间仍能保持多种不同的身体适应能力（参见表7.5），这方面的内容也将在第11章中进行详细介绍。非线性周期模式是我在年度计划中的小周期进行训练时所采用的训练方式。

表7.5 在同一周内训练不同适应能力时的波动化小周期

周一	周三	周五
以0.50~0.60米/秒的速度（或80%1RM）进行5组练习，每组练习重复5次（最大力量）	以0.80~0.90米/秒的速度（或50%1RM）进行6组练习，每组练习重复3次（力量-爆发力）	以0.90~1.0米/秒的速度（或40%1RM）进行8组练习，每组练习重复3次（速度-爆发力）

训练时长、努力程度、训练模式、训练周期模式的设计，这些因素决定了运动员最终的体能水平。这就是为什么使用VBT进行训练计划安排对教练或运动员有利。然而，就像传统的基于1RM百分比的训练一样，找到一个适合你和你的运动员的训练计划需要大量的试验和试错：你在训练计划安排过程中越多地使用VBT，VBT的效率就会越高。我提供的所有信息均来自我个人的研究和经验。我建议你将此作为你的起点，从数据中找到你所需要的答案。这是确保VBT对你和你的运动员产生良好效益的最佳方法。

第8章

休赛季早期：组织准备与增加肌肉横截面积

经过漫长的赛季和仅仅数周的恢复，许多运动员仍然需要对他们的关节进行精心护理，以便以良好的状态进入下一个休赛季的早期阶段。再次强调，评估运动员当前的体能水平对于从灵活性和力量的角度来确定从哪里开始训练至关重要。VBT的优势是，它为运动员和教练提供了关于适当速度水平的外部信息，以测量运动量和自动调节能力，从而了解运动员每周和每天的恢复状况。

值得注意的是，这些计划只是起点，这也意味着，没有适合每个运动员的完美计划。请记住，训练计划很大程度上取决于以下两点。

- 运动专项的需求（例如生物力学特征、常见损伤部位、场上位置特点）。
- 运动员目前的体能水平（例如功能动作筛查结果、力量测试结果、损伤历史）。

重要的是记住许多运动员希望在4~6周的力量训练后看到表现能力的巨大飞跃。然而，运动员通常要等到比赛期或在比赛期临近时才会达到最佳运动表现。力量，是一种可以通过各种训练方法和阶段发展的技能。

休赛季早期的两个训练阶段是第一阶段的组织准备和第二阶段的增加肌肉横截面积，它们的主要目标是让运动员在力量和体能方面做好准备，以便在休赛季后期能够进行负荷更大的力量训练。

第一阶段：组织准备

第一阶段的组织准备是其他阶段训练的基础，在进入训练量、训练负荷较大的力量训练阶段之前了解这一点尤为重要。我发现，那些跳过第一阶段直接进入第二阶段的运动员，在后续阶段获得的收益与那些先在第一阶段花费必要的4~6周进行训练的运动员有所不同。第一阶段的名称反映了这样一个事实，即主要目标不是立即实现超负荷训练，而是引起运动员的解剖结构和抗损伤力量的逐步适应。虽然在这个阶段并不特别关注增加肌肉横截面积，但由于训练的紧张状态下的等长时间特性，肌肉横截面积可能会增加。此外，在这个阶段，离心收缩和等长收缩会花费更长的时间（参见图8.1）。

目标

第一阶段的主要目标如下。

- 提升抗损伤力量。在这一阶段主要需要做好肌腱、韧带和关节方面的准备，以便在后续阶段进行更长时间、更剧烈的训练。这样做的部分原因是乳酸释放的氢离子已被证明可以刺激生长激素的释放，从而促进胶原蛋白的合成。在肌肉最大拉长时使用等长姿势，可以适当增加处于紧张状态下的时间，并在运动员处于最大力学劣势的地方巩固运动模式。当使用较重的负荷时，第一阶段和第二阶段都有助于提高后续阶段的力量水平。

- 重建良好的运动模式。这涉及多个肌群，可以针对运动员参与的运动专项建立或重建更有效的运动模式（神经肌肉协调）。鉴于此，较长时间的离心收缩过程和等长姿势是使用较轻的负荷来实现的。然

图8.1 在第一阶段，在肌肉最大拉长时使用等长姿势，可以适当增加处于紧张状态下的时间，并在运动员处于最大力学劣势的地方巩固运动模式

而，在肌肉向心收缩阶段也应快速完成动作，以刺激Ⅱ型（快缩型）肌纤维。

几乎所有竞技体育项目都涉及爆发性动作。出于这方面的考虑，即使在第一阶段实施较长时间的离心收缩过程和等长姿势，在肌肉向心收缩阶段也应快速完成动作，以刺激Ⅱ型（快缩型）肌纤维

©Human Kinetics

训练参数

练习的类型	应该采用多关节复合式练习，例如深蹲、硬拉、卧推、划船、俯卧撑和引体向上等，以便更好地刺激合成类激素的释放，促进肌肉生长，同时加强运动专项中会用到的主动肌。应最大限度地减少单关节孤立式的练习，如肱二头肌弯举和肱三头肌下压	
训练强度	由于肌肉处于紧张状态的持续时间很长，因此可以在第一阶段和第二阶段采用低运动强度和高速度损失来增加I型肌肉横截面积	40%~60%1RM的负荷（每周逐渐增加）

第一阶段：组织准备

续表

VBT速度	所有运动员从1.0米/秒开始，根据所需的1RM百分比，每周增加运动强度，直至速度降至0.75~0.80米/秒。 注意：因为前两个阶段涉及最大疲劳，所以VBT速度仅用于提供起始速度。VBT主要用于前两个阶段，以监测速度损失来衡量所用的重复次数和时间	0.75~1.0米/秒（仅起始速度）
VBT速度损失	30%~40%	
节奏	练习时强调离心收缩和等长收缩过程，以确保II型肌纤维所需的适应性。向心阶段仍然是以快速用力的方式进行的	3-1-0，3-2-0，4-2-0
重复次数	所有运动员从重复12~15次开始，每周逐渐减少重复次数，直至重复6~8次。处于紧张状态下的时间应为40~70秒。在这种紧张状态下，无氧乳酸系统作为主要能量系统提供能量（参见第6章的"方法2：基于速度损失的组数调整"）	重复次数从12~15次减至6~8次（每周减少2次，并将速度损失纳入重复次数方案中）
组数	每个练习2~4组	
休息	两组练习之间休息1~2分钟	
训练频率	每周2~4个训练单元［全身，每周2~3次；各个部位（上下肢），每周4次］	

训练计划安排

第1天和第3天的下肢训练计划示例

		练习	组数	时间	休息	节奏	VBT速度（米/秒）
热身练习	1	节奏跑	1	30秒	30秒	—	—
		练习	组数	重复次数	休息	节奏	VBT速度（米/秒）
爆发力快速伸缩复合练习	1a	快速连续反弹跳跃	3	20	—	越快越好	—
	1b	90-90髋关节屈肌伸展	2	5	1分钟	—	—
	2a	坐姿跳箱	3	5	—	爆式	—
	2b	靠墙手臂滑动练习	2	20	—	—	—

续表

		练习	组数	重复次数	休息	节奏	VBT速度 （米/秒）
主要练习	1a	六角杠铃硬拉	3	12	—	3-2-0	0.75~1.0
	1b	髋关节灵活性练习	3	每侧重复2次	1分钟	—	—
	2a	深蹲	3	12	—	3-2-0	0.75~1.0
	2b	虫式核心练习	3	每侧重复8次	1分钟	—	—
	3a	横向滑板侧弓步	3	每侧重复8次	—	—	—
	3b	单腿跪姿斜下劈	3	每侧重复8次	1分钟	—	—

第2天和第4天的上肢训练计划示例

		练习	组数	时间	休息	节奏	VBT速度 （米/秒）
热身练习	1	空气阻力自行车	1	5分钟	—	—	—

		练习	组数	重复次数/时间	休息	节奏	VBT速度 （米/秒）
爆发力 快速伸缩 复合练习	1a	快速伸缩复合式推胸	3	重复20次	—	越快越好	—
	1b	直腿转髋伸展	3	每侧重复5次	1分钟	—	—
	2a	站姿分腿跳跃	3	每侧重复6次	—	爆发式	—
	2b	熊爬	3	30秒	1分钟	—	—

		练习	组数	重复次数/时间	休息	节奏	VBT速度 （米/秒）
主要练习	1a	单臂缆绳划船	3	每侧重复12次	—	3-2-0	—
	1b	侧躺肩外旋	3	重复10次	—	—	—
	1c	推墙腹肌练习	3	每侧重复8次	1分钟	—	—
	2a	卧推	3	重复12次	—	3-2-0	—
	2b	侧桥	3	每侧重复6次， 每次持续10秒	1分钟	—	—
	2c	单腿跪姿斜下劈	3	每侧重复8次	—	—	—
	3a	悬吊划船	3	重复12次	—	3-2-0	—
	3b	药球环绕	3	每侧重复5次	1分钟	—	—

　　注意：重要的是要记住，在本阶段和其他所有阶段，都是使用VBT来确保练习中向心收缩时的快速用力。这有助于在重点强调对I型肌纤维训练的同时保持II型肌纤维的功能。

第二阶段：增加肌肉横截面积

一旦在第一阶段建立了良好的抗损伤力量基础，运动员就应该在第二阶段努力增加瘦体重，这有助于提升后期功能性运动的表现。为实现这个目的，运动员不仅要增加对肌纤维的机械应力刺激，还要增加所使用的负荷、处于紧张状态的总时间（尤其在离心阶段），以及总的组数和重复次数。换句话说，训练目标是增加肌肉横截面积。增加I型肌肉横截面积的练习和增加II型肌肉横截面积的练习之间的主要区别在于对不同运动单元的募集（参见图8.2）。每块肌肉都包含一系列不同阈值的肌纤维：低阈值肌纤维（更小、更弱的肌纤维）和高阈值肌纤维（更大、更强的肌纤维）。

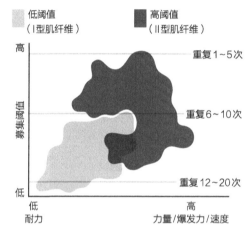

图8.2 在增加I型肌肉横截面积的训练中使用更低的运动强度和更多的重复次数，但在增加II型肌肉横截面积的训练中，需要增加负荷，提前募集高阈值运动单元

增加I型肌肉横截面积

在这个阶段力量训练的重点是进行抗阻训练以及增加低阈值肌纤维的横截面积，运动员在一组练习的前几次重复练习中会充分募集这种肌纤维，然后在后几次接近力竭的重复练习中，会逐步募集高阈值肌纤维。在休赛季的早期阶段使用较轻的训练负荷，并使肌肉在练习过程的较长时间内处于紧张状态，这可以充分增加I型肌肉横截面积，对希望最大限度地增加肌肉量的运动员非常有效。增加I

型肌肉横截面积也适用于健美运动员，可以使其获得有观赏性的肌肉围度和饱满度；这个训练阶段的主要目标是增加I型肌纤维。

虽然增加I型肌肉横截面积是健美过程中使用的主要训练方法，但它在竞技体育体能训练的早期阶段也很有用

©Human Kinetics

训练参数

练习的类型	应该采用多关节复合式练习，例如深蹲、硬拉、卧推、划船、俯卧撑和引体向上等，以便更好地刺激合成类激素的释放，促进肌肉生长，同时加强竞技体育中会用到的主动肌。应最大限度地减少单关节孤立式练习	
训练强度	所有运动员从40%1RM的负荷开始训练，或进行最多重复15次的训练，每周增加5%的训练强度，直到达到60%1RM的负荷或完成本训练阶段	40%~60%1RM的负荷（每周增加5%的训练强度）
VBT速度	所有运动员从1.0米/秒开始，根据所需的1RM百分比，每周适当增加运动负荷，直至速度降至0.75米/秒。注意：与第一阶段类似，第二阶段涉及最大疲劳；因此，VBT速度仅用于为我们提供一个起始速度。VBT主要用于在前两个阶段中监测速度损失，以帮助衡量重复次数和时间	0.75~1.0米/秒（仅起始速度）

第二阶段：增加肌肉横截面积

续表

VBT速度损失	40%～50%	
节奏	如果使用很慢的向心收缩速度，神经肌肉系统会更加适应慢速运动，而不会刺激II型肌纤维的募集。而II型肌纤维对速度和爆发力占主导地位的运动项目至关重要，所以在向心收缩阶段需要用尽可能快的速度进行练习。因此在这个训练阶段，练习时仍然需要使用VBT来监测向心收缩阶段的速度。需要注意的是，在这个阶段没必要计算总的重复次数，因为训练目标是进行大量的重复练习以造成肌肉最大疲劳。重要的是提示运动员在向心阶段始终以尽可能快的速度移动重物	3-0-0，4-0-0
重复次数	所有运动员从重复16次开始，每周减少2次，直至重复10次。再次申明，这个阶段我们要确认两次重复练习或两组重复练习之间的更高速度损失，以引起更大的肌肉分解和增加I型肌纤维的横截面积	重复次数从16次减至10次（每周减少2次，并将速度损失纳入重复次数方案中）
组数	使用上肢和下肢分化练习时，每个练习做3～5组，共进行10～12组练习；进行全身性练习时，共进行20～24组练习	每个练习做3～5组
休息	休息时间的长短取决于运动员的肌肉耐力，而肌肉耐力是在同一时间建立起来的。使用所需的最少休息时间来达到规定的理想速度，但是，随着运动强度的增加和运动员接近第三阶段，应该逐渐增加休息时间	1～3分钟
训练频率	如果进行全身性练习，每周应进行2次训练；如果进行上肢和下肢分化练习，每周应进行4次训练	

训练计划安排

第1天和第3天的以下肢训练为主的计划示例

热身练习		练习	组数	时间	休息	节奏	VBT速度（米/秒）
	1	节奏跑	5	30秒	30秒	—	—
爆发力快速伸缩复合练习		**练习**	**组数**	**重复次数/时间**	**休息**	**节奏**	**VBT速度（米/秒）**
	1a	蹲跳	3	重复5次	—	爆发式	—
	1b	髋关节灵活性练习	2	每侧重复2次	—	—	—
	1c	半蹲起跑练习	3	每侧重复2次	—	爆发式	—
	1d	肩部弹力带练习	2	30秒	1分钟	—	—

第二阶段：增加肌肉横截面积

续表

		练习	组数	重复次数/时间	休息	节奏	VBT速度（米/秒）
主要练习（运动强度保持在40%~60%1RM，速度损失控制在40%~50%）	1a	杠铃罗马尼亚硬拉	5	重复12次	—	4-0-0	0.75~1.0
	1b	拉伸练习	3	30秒	2分钟	—	—
	2a	杠铃前蹲	5	重复12次	—	4-0-0	0.75~1.0
	2b	拉伸、翻滚等练习	3	重复5次	2分钟	—	—
	3a	横向滑板侧弓步	5	每侧重复12次	—	4-0-0	0.75~1.0
	3b	弹力带扰动式稳定性练习	3	重复3次	2分钟	—	—
		练习	组数	重复次数/时间	休息	节奏	VBT速度（米/秒）
核心和肩袖肌肉练习	1a	平板支撑	3	30秒	—	—	—
	1b	侧桥	3	每侧重复8次	1分钟	—	—

第2天和第4天的以上肢训练为主的计划示例

		练习	组数	时间	休息	节奏	VBT速度（米/秒）
热身练习	1	空气阻力自行车	1	5分钟	—	—	—
		练习	组数	重复次数	休息	节奏	VBT速度（米/秒）
爆发力快速伸缩复合练习	1a	药球下砸（4~5千克）	3	8	—	爆发式	—
	1b	快速连续反弹跳跃	2	20	1分钟	越快越好	—
	2a	药球低位前抛（3~4千克）	3	每侧重复6次	—	爆发式	—
	2b	深蹲式呼吸练习	2	5	—	—	—

第二阶段：增加肌肉横截面积

续表

		练习	组数	重复次数	休息	节奏	VBT速度 （米/秒）
主要练习 （运动强度保持在 40%~60%1RM， 速度损失保持在 40%~50%）	1a	斜杆T字划船	5	12	—	4-0-0	0.70~0.80 （仅起始速度）
	1b	背部伸展	3	8	2分钟	—	—
	2a	单臂哑铃卧推	5	每侧重复12次	—	4-0-0	0.70~0.80 （仅起始速度）
	2b	长凳辅助胸椎 灵活性练习	3	5	2分钟	—	—
	3a	单臂缆绳划船	5	每侧重复12次	—	4-0-0	0.70~0.80 （仅起始速度）
	3b	虫式核心练习	3	每侧重复8次	2分钟	—	—
核心和 肩袖肌肉练习		练习	组数	重复次数/ 距离	休息	节奏	VBT速度 （米/秒）
	1a	站姿绳索抗 旋转	2	每侧重复8次	—	—	—
	1b	熊爬	2	单程18米	1分钟	—	—

对于肌肉横截面积已经很大的运动员来说，为了训练更快、更有效地提升运动单元募集的能力，运动员应将时间花费在增加II型肌肉横截面积的训练上，而不是像增加I型肌肉横截面积训练那样专注于低阈值肌纤维尺寸的增加。

增加II型肌肉横截面积

增加II型肌肉横截面积训练的重点是在开始发力时尽量多地募集高阈值肌纤维的运动单元，这对运动表现非常重要，因为我们最终希望运动员能够在短时间的开始发力阶段募集更多的高阈值肌纤维的运动单元，即缩短肌内协调所需的时间（参见图8.3）。这种特定力量训练所提升的肌肉功能才是真正符合竞技体育特定需求的。

第二阶段：增加肌肉横截面积

图8.3 在增加 II 型肌肉横截面积训练阶段进行俯卧划船等练习，有助于更好地刺激合成类激素的释放，并增强高阈值肌纤维的收缩特性

在增加 II 型肌肉横截面积的训练阶段，会增加特定主动肌的横截面积，同时不会损失竞技体育所需要的神经功能。这适用于大多数运动项目，在橄榄球、棒球、短跑、铅球和铁饼等高爆发性运动中尤其如此。在增加 II 型肌肉横截面积的训练中使用的运动强度通常比在增加 I 型肌肉横截面积训练中所用的运动强度更高，但重复次数较少，做功－休息比也会增加。因此，对已经拥有较多肌肉量的运动员来说，可以用增加 II 型肌肉横截面积的训练方式代替增加 I 型肌肉横截面积的训练方式，以提升募集运动单元的能力。由于在增加 II 型肌肉横截面积的训练阶段使用了较大的负荷，运动员正好可以过渡到第三阶段中的次最大力量训练。

第二阶段：增加肌肉横截面积

训练参数

练习的类型	应该采用多关节复合式练习，例如深蹲、硬拉、卧推、划船、俯卧撑和引体向上等，以便更好地刺激合成类激素的释放，促进肌肉生长，同时增强竞技体育会中会用到的主动肌。应最大限度地减少单关节孤立式练习	
训练强度	所有运动员从70%1RM的负荷开始训练，或允许进行重复10~12次的训练，每周增加5%左右的训练负荷，直至达到85%1RM的负荷或完成本训练阶段	75%~85%1RM的负荷（每周增加5%左右的训练负荷）
VBT速度	所有运动员从0.50米/秒左右的速度开始，根据所需的1RM百分比，每周增加运动强度，直至速度降至0.50米/秒。与第一阶段类似，增加第二阶段涉及肌肉疲劳；因此，VBT速度仅用于为我们提供一个起始速度。VBT主要用于在前两个阶段中监测速度损失，以帮助衡量重复次数和时间	0.50米/秒左右的速度（仅监测起始速度）
VBT速度损失	再次申明，在这一阶段中，VBT速度仅被用作起始速度。由于速度损失只在10%~20%，所以增加II型肌肉横截面积有时也称为增加"高负荷爆发力"。同样重要的是，提示运动员在练习的向心阶段以尽可能快的速度移动重物	10%~20%
节奏	因为要增加II型肌肉横截面积会使用更大的负荷（75%~85%1RM）来快速募集高阈值肌纤维，所以不要使用更慢的离心节奏。因此，可以使用1-0-0或2-0-0的标准控制节奏。增加II型肌肉横截面积的训练使得II型肌纤维在大部分运动或练习组中处于紧张状态，这会导致II型肌纤维肥厚，这是增加II型肌肉横截面积的训练方法与增加I型肌肉横截面积的训练方法的区别	1-0-0，2-0-0
重复次数	所有运动员从重复10次开始，每周减少2次，直至重复5次。再次申明，这时我们要确定两次重复练习或两组重复练习之间的速度损失保持在10%~20%，以激发更大的力量增益，同时促进I型肌纤维横截面积的增加	从重复10次减至重复5次（每周减少2次，并将速度损失纳入重复次数方案）
组数	使用上肢和下肢分化练习时，每个练习做3~8组；进行全身性练习时，共进行20~24组练习	每个练习做3~8组
休息	休息时间的长短取决于运动员的肌肉耐力，而肌肉耐力是在同一时间建立起来的。使用所需的最少休息时间来达到规定的理想速度，但该休息时间不要超过5分钟。随着运动强度的增加和运动员接近第三阶段，增加休息时间，增至4~5分钟	2~5分钟
训练频率	如果进行全身性练习，每周应进行2次训练；如果进行上肢和下肢分化练习，每周应进行4次训练	

第二阶段：增加肌肉横截面积

训练计划安排

全身训练计划示例

		练习	组数	时间	休息	节奏	VBT速度（米/秒）
热身练习	1	动感单车或空气阻力自行车	1	5分钟	—	—	—

		练习	组数	重复次数/时间	休息	节奏	VBT速度（米/秒）
爆发力快速伸缩复合练习	1a	药球下砸（4~5千克）	3	重复8次	1分钟	—	—
	1b	弹力带侧向拉伸	2	每侧30秒	—	—	—
	2a	跳箱	3	重复6次	—	—	—
	2b	胸椎旋转	2	每侧重复8次	1分钟	—	—

		练习	组数	重复次数/时间	休息	节奏	VBT速度（米/秒）
主要练习（运动强度保持在75%~85%1RM，速度损失保持在10%~20%）	1a	杠铃硬拉	5	重复5~8次	—	2-0-0	0.50-0.60
	1b	弹力带腘绳肌伸展	4	30秒	2分钟	—	—
	2a	单臂哑铃划船	5	每侧重复5~8次	—	2-0-0	0.40-0.50
	2b	猫驼式伸展	4	重复10次	2分钟	—	—
	3a	杠铃前蹲	5	重复5~8次	—	2-0-0	0.50-0.60
	3b	相扑式伸展	4	30秒	2分钟	—	—
	4a	负重俯卧撑	5	重复5~8次	—	2-0-0	0.40-0.50
	4b	门框胸肌伸展	4	30秒	2分钟	—	—

		练习	组数	重复次数/时间	休息	节奏	VBT速度（米/秒）
核心	1a	平板支撑	3	30秒	—	—	—
	1b	侧桥	3	每侧重复8次	1分钟	—	—

经过一个漫长的赛季和一段时间的必要休息之后，运动员要具备良好的身体状态，为下一个赛季做准备。为了实现这一目标，运动员要重新设计周期训练模式，并首先需要通过组织准备（第一阶段）提高肌肉组织和肌腱的质量和强度，防止肌肉在随后的高强度力量训练中受伤。第二阶段的主要目标是增加肌肉横截面积，这个阶段不仅要增加运动员的肌肉含量，还要提升低阈值和高阈值肌纤维的机械张力。这些都有助于运动员为在随后的力量训练阶段中承受更大的训练负荷做好准备。

第9章

休赛季中期：次最大力量和最大力量

在准备期的后期（休赛季中期），应在第一阶段中花费一些时间对肌肉组织、韧带和关节进行强化，并在第二阶段中增加肌纤维的横截面积，而第三阶段的主要目标是提升运动员的最大力量。

在大多数运动中，最大力量的发展对于募集Ⅱ型肌纤维、提高神经激活效率以及同时调用参与运动专项的所有主要肌肉的能力都至关重要

（a）©Human Kinetics；（b）©Human Kinetics

在制订运动员的休赛季计划时，虽然所有阶段都很重要，但我认为该计划的关键作用是提升最大力量，因为这是建立其他特定类型力量的基础。在大多数运动中，最大力量的发展对于募集Ⅱ型肌纤维、提高神经激活效率以及同时调用参与运动专项的所有主要肌肉的能力至关重要（Howard et al., 1985）。休赛季后期的爆发力训练就是这方面的一个很好示例。爆发力由力量和速度共同决定，要提升爆发力，首先需要提升最大力量。因此，力量训练是获得更大爆发力、提升运动员表现的先决条件。

在训练力量时，重要的是要认识到并非所有力量类型都是同步发展的。任何一种竞技体育运动项目都是既需要一般力量也需要专项力量的。一般力量是专项力量的基础，如果没有一般力量，专项力量就无法有效发挥作用。因此，了解这两种不同类型的力量并了解如何训练和何时使用它们非常重要。

- 一般力量。一般力量是建立其他类型力量的基础，它为不同运动项目所需的专项力量提供了基础。对于训练年限较长（3年以上）的精英运动员来说，训练一般力量是休赛季训练计划的前3个阶段的重点。但是，对于更多没有经验或新手举重运动员来说，训练一般力量应该是年度计划中大部分训练时间的主要内容。训练负荷的范围是：采用60%~80%1RM的负荷获得次最大力量，采用大于80%1RM的负荷获得最大力量（注意：如果在一般力量上没有花费足够的时间，将对未来所有旨在发展运动专项技能的阶段产生负面影响）。忽视对一般力量的充分训练可能还会降低运动员承受压力和抵抗疲劳的能力，从而增加受伤的风险。

- 专项力量。休赛季后期的训练中包括专项力量训练（将在第10章中进行介绍），在休赛季后期，会将力量训练的重点转移到爆发力训练或所做的运动上。专项力量训练考虑到了运动专项的具体特征，如动作结构、能量系统的贡献，以及为不断扩大关节的活动范围而设计的练习。仅在运动员的一般力量发展到足够高的水平后（这通常需要1~3年的时间），才会进行专项力量训练。注意：由于基因构造的不同，有些运动员提升一般力量的速度可能比其他运动员更快一些。

为了训练专项力量，我一般采用40%~60%1RM（0.75~1.0米/秒）的训练负荷。虽然仍然可以使用超过60%1RM的较重负荷训练肌肉力量，但这并不十分推荐。采用40%~60%1RM的计划的大部分内容应当是围绕使用较轻负荷来训练更多运动专项动作而构建的。选择的练习应该基于受训运动员的运动专项，比如排球运动员的高翻、美式橄榄球中进攻前锋的负重推雪橇，或者铅球运动员或其他投掷运动员的肩上推举（参见图9.1）。

图9.1 在休赛季后期的重点是针对运动项目的力量训练，例如铅球运动员进行的肩上推举

第三阶段：次最大力量和最大力量

在前两个阶段提升抗组织损伤能力和增加肌肉横截面积后，第三阶段的主要目标是提升次最大力量和最大力量，并为后面的训练阶段奠定基础。第三阶段比之前的训练阶段的时间稍长，包括两个3~4周的中周期，采用了两个相互独立的训练负荷，先进行次最大力量训练，再进行最大力量训练。相对力量的提升对拳击和摔跤等涉及重量等级的运动尤为重要。

目标

第三阶段的主要目标如下。

- II型肌纤维运动单元的快速募集。在最大力量阶段使用更高的运动强度和更大的训练负荷，运动员能够更多、更有效地募集II型肌纤维（参见图9.2）。II型肌纤维募集是提升爆发力的决定性因素，因此绝对力量的训练对以速度和爆发力为主导的运动员在运动中获得更快发力速度至关重要。

图9.2 在训练最大力量时，涉及主动肌的多关节复合式练习是重点

- 睾酮（雄激素）水平和相对力量的提高。睾酮水平的提高既有助于提升最大力量，又有助于提升相对力量（绝对力量与体重的比率）。只有力量训练的总量足够时，血液中的睾酮水平才会提高。睾酮水平可能因运动员而异，但睾酮水平通常每周上升2~3次。另外，过于频繁的绝对力量训练会产生相反的效果——降低血液中的睾酮水平。这也是我们先使用次最大速度训练区间或负荷训练最大力量的原因之一。

在进行第三阶段的训练时，首先训练次最大力量，重点是肌间协调，这涉及应用加速力量的速度训练区间。在花费了足够多的时间进行加速力量训练后（训练时长取决于运动员的水平），再进行最大力量（绝对力量）训练。因为我们正在训练更高的运动单元募集，所以第三阶段的这一部分涉及使用更大的训练负荷和绝对力量的速度训练区间，训练重点将转移到肌内协调上。在次最大力量或最大力量上花费的时间因运动员和运动专项特定力量而异。这主要取决于这两种主要特定力量的神经适应性中的哪一种更重要，或者哪一种存在更多的问题需要解决。

- 肌间协调。这是一种在单个动作中协调运动链中所有肌肉的能力。目标是实现肌肉之间的协调性，采用硬拉、深蹲和卧推等重要的多关节复合式力量练习，提升运动员的次最大力量（0.50~0.75米/秒的加速力量的速度训练区间，或60%~80%1RM的训练负荷）。
- 肌内协调。这是一种在最短的时间内募集尽可能多的运动单元的能力。目标是提升神经系统募集运动单元的能力，采用硬拉、深蹲和卧推等重要的多关节复合式力量练习，提升运动员的最大力量（小于0.50米/秒的最大力量的速度训练区间，或大于80%1RM的训练负荷）。

第三阶段：次最大力量和最大力量

训练参数

练习的类型	多关节复合式力量练习，例如深蹲、硬拉和卧推等		
训练强度	产生尽可能大的肌肉张力是发展最大力量的重要途径。我选择在这个阶段花费更长的时间（6~8周），因为这个阶段涉及按顺序使用中等重量（次最大）和极限（最大）负荷	次最大力量（加速力量）。 虽然使用最大负荷可以对中枢神经系统和 II 型肌纤维募集产生更大的影响，但进行次最大力量训练也是非常必要的。由于训练负荷较轻，肌间协调更受关注。此外，与绝对力量范围相比，略高的速度和略低的负荷相组合，会创造更高水平的功率输出。事实上，许多运动员在这些较低的负荷范围内反而产生了最高水平的力量输出	0.50~0.75米/秒（60%~80%1RM的负荷）
		最大力量（绝对力量）。 使用高负荷和较少的重复次数会引起中枢神经系统的显著适应性：更好的肌内协调，使募集 II 型肌纤维的能力提升。 注意：次最大力量和最大力量训练方法都是以1RM百分比为基础的，这意味着所显示的负荷是1RM的百分比。出于这方面的考虑，在开始第三阶段之前，必须测试力量–速度曲线，以便准确计算出与主要练习的 1RM 相关的 VBT 速度	<0.50米/秒（80%~95%1RM的负荷）
VBT速度*	训练最大力量对中枢神经系统有很高的要求，所以千万不要在疲劳的情况下进行高训练量的训练。这是VBT可以在高训练量的训练日中参与高强度训练的另一个示例（参见第6章）	次最大力量（加速力量）	0.50~0.75米/秒（60%~80%1RM的负荷）
		最大力量（绝对力量）	<0.50米/秒（80%~95%1RM的负荷）（仅向心收缩阶段）
VBT速度损失	次最大力量（加速力量）		20%~30%
	最大力量（绝对力量）		20%~30%
节奏	次最大力量（加速力量）		2-0-0
	最大力量（绝对力量）		2-0-0

第三阶段：次最大力量和最大力量

续表

重复次数	次最大力量（加速力量）		3~10
	最大力量（绝对力量）		1~6
组数	次最大力量（加速力量）		3~8
	最大力量（绝对力量）		3~8
休息	两组练习之间应留出一定的休息时间，让神经肌肉系统得到充分恢复，休息时间的长短主要基于运动员的体能水平	次最大力量（加速力量）	2~3分钟
		最大力量（绝对力量）	3~5分钟
训练频率	次最大力量（加速力量）		每周进行3~4次上肢和下肢分化训练，每周进行2~3次全身性训练
	最大力量（绝对力量）		每周进行3~4次上肢和下肢分化训练，每周进行2~3次全身性训练

*虽然在力量训练阶段可以使用其他方法，如离心超负荷和等长训练，但这些方法超出了本书的讨论范围，且不需要使用VBT。

第三阶段：次最大力量和最大力量

训练计划安排

第1天和第3天的次最大力量（加速力量）计划示例以下肢训练为主

热身练习	练习	组数	时间	休息	节奏	VBT速度（米/秒）
	1 跳绳	1	5分钟	—	—	—
爆发力快速伸缩复合练习	练习	组数	重复次数/时间	休息	节奏	VBT速度（米/秒）
	1a 侧向跳跃	3	每侧重复12次	—	爆发式	—
	1b 深蹲式呼吸练习	2	30秒	—	—	—
	2a 45度侧向跳跃	3	每侧重复5次	—	爆发式	—
	2b 单腿跪姿肩关节旋转	2	每侧重复5次	1分钟	—	—
主要练习（运动强度保持在60%~80%1RM，速度损失保持在20%~30%）	练习	组数	重复次数/距离	休息	节奏	VBT速度（米/秒）
	1a 六角杠铃硬拉	5	重复3次	—	爆发式	0.50~0.60
	1b 平板支撑交替抬臂	3	每侧重复5次	—	—	—
	1c 半程土耳其起立	3	重复8次	2分钟	—	—
	2a 分腿下蹲	5	每侧重复5次	—	爆发式	0.60~0.70
	2b 侧向跳跃	3	每侧重复12次	—	—	—
	2c 单腿跪姿缆绳斜上拉	3	每侧重复8次	2分钟	—	—
	3a 单腿硬拉	4	每侧重复5次	—	—	0.60~0.70
	3b 农夫行走	2	每个方向18米	2分钟	—	—

第三阶段：次最大力量和最大力量

第2天和第4天的次最大力量（加速力量）计划示例以上肢训练为主

热身练习		练习	组数	时间	休息	节奏	VBT速度（米/秒）
	1	空气阻力自行车	1	5分钟	—	—	—
爆发力快速伸缩复合练习		练习	组数	重复次数/时间	休息	节奏	VBT速度（米/秒）
	1a	快速伸缩复合胸前传球	3	重复8次	—	爆发式	—
	1b	90-90髋关节屈肌伸展	3	重复5次	—	—	—
	2a	分腿站姿过顶抛球	3	重复6次	—	爆发式	—
	2b	俯卧髋关节旋转肌伸展	3	30秒	—	—	—
主要练习（运动强度保持在60%~80%1RM，速度损失保持在20%~30%）		练习	组数	重复次数/时间	休息	节奏	VBT速度（米/秒）
	1a	斜杠T字划船	5	重复3次	—	爆发式	0.40~0.50
	1b	四足爬行	3	重复5次	—	—	—
	1c	侧躺肩外旋	3	每侧重复10次	1分钟	—	—
	2a	俯卧撑	5	重复5次	—	爆发式	0.40~0.50
	2b	单腿跪姿缆绳斜上拉	3	每侧重复8次	—	—	—
	2c	分腿站姿外旋稳定控制	2	每侧重复5次	1分钟	—	—
	3a	悬吊划船	4	重复5次	—	爆发式	0.40~0.50
	3b	髋关节灵活性练习	2	1分钟	1分钟	—	—

第三阶段：次最大力量和最大力量

第1天和第3天的最大力量（绝对力量）计划示例以下肢训练为主

热身练习		练习	组数	时间	休息	节奏	VBT速度（米/秒）
	1	空气阻力自行车	1	5分钟	—	—	—
爆发力快速伸缩复合练习		练习	组数	重复次数/时间	休息	节奏	VBT速度（米/秒）
	1a	负重背心反向跳跃	3	每侧重复5次	—	爆发式	—
	1b	绕6锥筒变向练习	2	30秒	1分钟	—	—
	2a	侧向爆发式登阶	3	每侧重复5次	—	爆发式	—
	2b	肩带练习	2	每侧重复10次	1分钟	—	—
主要练习（运动强度保持在80%~95%1RM，速度损失保持在20%~30%）		练习	组数	重复次数/时间	休息	节奏	VBT速度（米/秒）
	1a	六角杠铃硬拉	5	重复3次	—	2-0-0	0.30~0.50
	1b	核心稳定性练习	3	重复8次	—	—	—
	1c	靠墙手臂滑动练习	3	重复4次	3分钟	—	—
	2a	反向弓步（哑铃或杠铃）	5	每侧重复3次	—	2-0-0	0.30~0.50
	2b	宽站姿缆绳旋转	3	每侧重复8次	—	—	—
	2c	俯卧肩内旋	3	重复8次	3分钟	—	—
	3a	单腿硬拉	4	每侧重复3次	—	2-0-0	0.30~0.50
	3b	肩部弹力带练习	2	30秒	3分钟	—	—

第三阶段：次最大力量和最大力量

第2天和第4天的最大力量（绝对力量）计划示例以上肢训练为主

热身练习		练习	组数	时间	休息	节奏	VBT速度（米/秒）
	1	节奏跑	8	30秒	30秒	—	—
爆发力快速伸缩复合练习		练习	组数	重复次数/时间	休息	节奏	VBT速度（米/秒）
	1a	站姿分腿跳跃	3	重复6次	—	爆发式	—
	1b	拉悬吊带深蹲式呼吸	2	10~15秒	—	—	—
	2a	药球侧向抛球	3	每侧重复5次	—	爆发式	—
	2b	单臂门框胸小肌伸展	3	30秒	—	—	—
主要练习（运动强度保持在80%~95%1RM，速度损失保持在20%~30%）		练习	组数	重复次数/距离/时间	休息	节奏	VBT速度（米/秒）
	1a	单臂哑铃划船	5	每侧重复3次	—	2-0-0	0.30~0.40
	1b	四足爬行	3	重复5次	—	—	—
	1c	分腿站姿外旋稳定控制	3	重复5次	3分钟	—	—
	2a	杠铃离心式卧推	5	重复3次	—	2-0-0	0.30~0.40
	2b	农夫行走	3	每个方向18米	—	—	—
	2c	俯卧髋关节旋转肌伸展	2	30秒	3分钟	—	—
	3a	斜杠T字划船	4	重复3次	—	2-0-0	0.30~0.40
	3b	弹力带侧向拉伸	3	30秒	3分钟	—	—
体能训练		练习	组数	时间	休息	节奏	VBT速度（米/秒）
	1	推雪橇冲刺跑	5	6秒	1分钟	爆发式	—

　　第三阶段中的基本目标是提高运动员的次最大力量和最大力量，并分别改善肌间协调和肌内协调。在第三阶段中，提高力量的同时也会增强支配这些运动单元的神经系统功能，这对在第四阶段中进一步提高爆发力、爆发力耐力和肌肉耐力非常重要。为了训练出速度更快、爆发力更强的运动员，需要在正确的VBT区间内进行训练，这会为提高Ⅱ型肌纤维的激活程度创造必要的适应能力。

第10章

休赛季后期和赛季前：向运动专项爆发力转化

本章主要围绕着第四阶段展开，在此阶段中，在休赛季的前几个阶段建立的不同类型的特定力量开始向运动专项能力转化。训练运动专项爆发力包括学习以更快的速度运用力量（爆发力）和在特定的时段内维持速度（爆发力耐力），为参加比赛做好准备。本章还将介绍不同类型的运动专项爆发力及其对应的速度和速度损失。

本章还将讨论如何针对从事不同运动项目的运动员进行不同类型的肌肉耐力训练，如田径项目和马拉松项目。由于第四阶段的大部分内容都涉及爆发力和爆发力耐力，因此监测杠铃或身体运动速度的速度损失百分比以及VBT的功率输出，都成了比以往任何时候都更重要的内容。本章还会讨论奥林匹克举重以及在训练这些更具爆发性的动作时使用平均向心速度、平均推进速度和峰值向心速度的优缺点。

休赛季后期训练和赛季前训练的主要目标

以下是将在休赛季获得的能力转化到运动专项中的主要目标。

将力量增益转化为运动专项爆发力和肌肉耐力

根据不同的运动项目，在最大力量训练阶段之后，应该在以下3种基本力量中选择一种转化为运动专项力量。

- 非乳酸爆发力。这种类型的爆发力依赖于ATP-PC（磷酸肌酸）系统，并为持续1~10秒的高强度运动提供能量。这是棒球、橄榄球以及田径运动中的投掷和短跑项目所需的主要爆发力类型。
- 乳酸爆发力。这种类型的爆发力依赖于乳酸（无氧糖酵解）系统，并为持续8~20秒的高强度运动提供能量。这是大多数集体球类项目、短距离游泳项目和田径中短距离跑步项目所需的主要爆发力类型。
- 爆发力耐力。不仅要进行爆发性训练来训练运动中的爆发力，还要能够在实际比赛中反复运用并维持爆发力。在进行爆发力耐力训练时，需要调用3种能量系统（ATP-PC、乳酸和有氧系统）来完成练习。

提升心脏功能和乳酸阈值

耐力运动通常以次最大速度进行，以便肌肉承受更长的持续时间，因此，肌肉张力较小。中枢神经系统首先会募集I型和II型肌纤维，以便能在更长时间内发挥作用。这反过来又增加了心脏左心室的大小和心脏的每搏输出量。这一过程还使得身体能够更好地利用脂肪作为燃料，从而节省了糖原的储存量和对糖原的处理需求，并能调节身体更有效地重新利用乳酸。在完成力量训练阶段后，对于需要在较长时间内提供爆发力的运动（例如，持续时间超过1小时的田径和游泳项目），我们需要在训练肌肉耐力的同时训练运动项目所需的爆发力。这种类型的爆发力主要依赖于有氧系统，有氧系统可以为持续时间超过两分钟的中高强度运动提供能量，例如，集体球类项目、距离超过100码（约91米）的游泳项目、距离较长的跑步项目，以及铁人三项。

监测速度损失以训练爆发力和爆发力耐力

　　虽然使用加速度计和LPT来监测速度损失在大多数训练中起着关键作用，尤其是在第四阶段中训练不同类型的爆发力和爆发力耐力时（参见图10.1）。如果速度损失或功率损失超过该组第一次重复练习的10%~15%，我们就要关注一些事情。

- 运动员很可能是由于疲劳不能在每次重复练习时都很有爆发力。
- 休息时间可能太短（需要延长休息时间）。
- 爆发力耐力并没有真正得到训练，这组练习基本上变成了一般耐力训练。

图10.1　加速度计和LPT在监测速度损失在大多数训练中起着关键作用，尤其是在第四阶段中训练不同类型的爆发力和爆发力耐力时

绝不能在疲劳状态下进行非乳酸爆发力、乳酸爆发力和爆发力耐力训练。如果运动员在两组练习之间没有得到充分休息，募集的肌纤维数量会变少，这会导致运动员只训练了更慢、效率更低的运动模式。出于这方面的考虑，在训练爆发力时，需要让速度损失或功率损失低于10%（爆发力耐力损失低于15%），以确保获得高质量的重复练习和更高效的募集模式。这对提高速度更加有利，因为这样做能够确保运动员始终在力量-速度或速度-力量的速度训练区间内训练真正的爆发力。

表10.1提供了在第四阶段中训练的特定类型的爆发力，以及前面讨论的基于不同持续时间和训练强度的主要能量系统。

表10.1 基于工作或运动持续时间的专项爆发力需求

运动持续时间	运动项目示例	运动强度	使用的主要能量系统	训练的专项爆发力
<10秒	铅球或棒球	爆发性极大	ATP-PC系统	非乳酸爆发力
10秒~1分钟	蝶泳：50码（约46米）	极大	乳酸系统	乳酸爆发力、爆发力耐力
1~2分钟	800米跑	高	乳酸和有氧系统	爆发力耐力、较短时间的肌肉耐力
2~8分钟	5000米跑	中到高	有氧系统	长时间的肌肉耐力

针对运动专项适应性的训练计划安排

本节包括开始将力量转化到运动中时使用的4种训练适应性的训练计划安排：非乳酸爆发力、乳酸爆发力、爆发力耐力和肌肉耐力（短时间和长时间）。请记住，从训练计划安排的角度来看，训练爆发力和爆发力耐力的区别在于所使用的做功-休息比。因此，从事不同运动项目的运动员需要不同的训练时间来适应不同的运动专项特征。

以下是一个简短回顾。无论是进行奔跑和踢球的足球运动员、从出发台跳入水中的游泳运动员，还是综合格斗运动员，几乎所有运动员（马拉松运动员可能是个例外）都需要爆发力。每位运动员都会使用不同类型的爆发力，需要在不同的时间段产生爆发力。在训练非乳酸爆发力、乳酸爆发力或爆发力耐力时，力量–速度或速度–力量的速度训练区间都会产生峰值功率。如第4章所述，这两个速度训练区间相互融合，因为具有不同特点的运动员可能会在这两个速度训练区间的不同位置产生最大功率值。因此，可以使用VBT设备监测功率的输出和损失。这不仅有助于我们确定运动员在哪个速度训练区间产生了最大爆发力，还可以表明他们是否能在两组练习之间保持爆发力。

在第四阶段会使用诸如奥林匹克举重等末端释放式练习。请记住，一旦需要更快的动作，采用末端释放式练习就变得至关重要。这些练习是一些将器械（杠铃、球）或身体抛向空中的练习。这些练习没有或很少有减速过程，所以使用平均向心速度并不是监测速度的最佳选择，因为平均向心速度测量的是整个向心运动过程。当监测末端释放式练习时，例如高翻和抓举，运动员仅在第二次拉动杠铃时才会在杠铃上施力。事实上，当以正确方式完成动作时，运动员没有制动或减速的过程，因此使用平均向心速度来监控训练意义不大。出于

根据不同的运动专项特点，需要在不同的时间内产生不同类型的力量，并训练ATP-PC系统或乳酸系统

©Human Kinetics

这方面的考虑，我选择使用峰值速度（PV）来监控训练，将减速部分完全排除在测量之外。

但是，如果我有一台Tendo或GymAware设备，并且我可以进行最终选择，那么我会使用平均推进速度（MPV）。但是，市场上很少有设备提供MPV，所以PV成了大多数人用来监测奥林匹克举重练习的指标。发力的时间越长，器械或身体产生的速度就越高。鉴于此，在奥林匹克举重和其他末端释放式练习中，身高较高、手臂较长的运动员在多数情况下应该有更快的动作速度。请参阅第55页的表格，以了解运动员身高对于抓举和高翻所产生的速度差异。

第四阶段：非乳酸爆发力和乳酸爆发力（第1~4周）

非乳酸爆发力和乳酸爆发力的两个主要区别是产生爆发力的时间和所用的能量系统，它们与规定的速度的关系不大。尽管爆发力的持续时间较长，但训练乳酸爆发力时可以使用与训练无乳酸性爆发力时相同的速度。训练非乳酸爆发力和乳酸爆发力的速度取决于运动员的最大力量和爆发力耐力水平。如前所述，我喜欢用VBT设备来监测功率输出和速度损失，而不是用速度来控制负荷，使运动员产生最大的"功率输出"，同时保持速度损失小于10%。既然如此，让我们来仔细分析一下这两种类型的爆发力。

非乳酸爆发力

训练参数

训练强度	40%~80%1RM（达到峰值功率的负荷）
VBT速度	0.50~1.0米/秒（加速力量/力量-速度）
VBT速度损失或功率损失	<10%
节奏	爆发式
重复次数	重复2~5次（<10秒）
组数	3~8组
休息	2~3分钟
训练频率	全身训练每周2~3次；上肢和下肢分化训练每周3~4次

训练计划安排

非乳酸爆发力全身训练计划示例

热身练习		练习	组数	时间	休息	节奏	VBT速度（米/秒）
	1	节奏跑	8	30秒	1分钟	—	—
		练习	组数	重复次数	休息	节奏	VBT速度（米/秒）
主要练习（运动强度保持在40%~80%1RM，速度损失或功率损失保持在10%以下）	1	六角杠铃硬拉	6	5	2分钟	爆发式	下肢：0.75~1.0 上肢：0.60~0.80
	2	单腿跪姿反向缆绳划船	6	5	2分钟	爆发式	上肢：0.60~0.80
	3	分腿下蹲	6	每侧重复5次	2分钟	爆发式	下肢：0.75~1.0
	4	哑铃卧推	6	5	2分钟	爆发式	上肢：0.60~0.80

第四阶段：非乳酸爆发力和乳酸爆发力（第1~4周）

续表

		练习	组数	重复次数	休息	节奏	VBT速度（米/秒）
核心	1a	虫式核心练习	2	每侧重复8次	—	—	—
	1b	单腿跪姿斜下劈	2	每侧重复6次	—	—	—
	1c	肩带练习	2	每侧重复10次	1分钟	—	—
		练习	组数	距离	休息	节奏	VBT速度（米/秒）
体能训练	1	冲刺跑	5	27米	2分钟	—	—

乳酸爆发力

训练参数

训练强度	20%~60%1RM（达到峰值功率的负荷）
VBT速度	下肢：0.75~1.3米/秒 上肢：0.60~1.0米/秒 （力量-速度和速度-力量）
VBT速度损失或功率损失	<10%
节奏	爆发式
重复次数	重复12~30次
组数	3~8组
休息	4~12分钟
训练频率	全身训练每周2~3次；上肢和下肢分化训练每周3~4次

第四阶段：非乳酸爆发力和乳酸爆发力（第1~4周）

训练计划安排

乳酸爆发力全身训练计划示例

热身练习		练习	组数	时间	休息	节奏	VBT速度 （米/秒）
	1	节奏跑	8	30秒	—	—	—
主要练习 （运动强度 保持在20%~ 60%1RM， 速度损失或功率 损失保持在 10%以下）		练习	组数	重复次数	休息	节奏	VBT速度 （米/秒）
	1	六角杠铃硬拉	3	12	4分钟	爆发式	下肢：0.75~1.0
	2	卧拉	3	15	3分钟	爆发式	上肢：0.60~0.80
	3	颈前深蹲	3	12	4分钟	爆发式	下肢：0.75~1.0
	4	哑铃卧推	3	15	3分钟	爆发式	上肢：0.60~0.80
核心		练习	组数	重复次数	休息	节奏	VBT速度 （米/秒）
	1a	虫式核心练习	2	每侧重复 8次	—	—	—
	1b	单腿跪姿斜 下劈	2	每侧重复 6次	—	—	—
	1c	肩带练习	2	每侧重复 10次	1分钟	—	—
体能训练		练习	组数	距离	休息	节奏	VBT速度 （米/秒）
	1	冲刺跑	5	27米	2分钟	—	—

第四阶段：爆发力耐力（第5~8周）

在某些运动项目中，尤其是田径运动，运动员必须间歇性地反复发挥较大的爆发力（Bompa and Buzzichelli, 2015）。这就是所谓的爆发力耐力。运动员产生爆发力所需的时间取决于所从事的运动项目。注意：已经拥有较大爆发力的运动员可以在第1~5周开始训练爆发力耐力。然而，大多数运动员（尤其是新手运动员）要先在第四阶段的第1~4周进行爆发力训练，然后在第5~8周进行爆发力耐力训练。

在训练棒球、投掷运动和大多数产生爆发力的平均持续时间不超过10秒的田径运动（非乳酸爆发力）的运动员时，我采用了较少的重复次数（3~6次）。对于像摔跤和一些产生爆发力的平均持续时间为8~20秒的田径运动（乳酸爆发力）的运动员，我采用了较多的重复次数（12~30次）。按照这些重复次数进行训练，两组练习之间进行5~20秒的短暂休息，该休息时间与运动员的专项运动节奏相吻合。然后，我根据运动专项所需的训练量、持续时间和休息时间，将这些练习组划分为几个训练单元。两个训练单元之间的休息时间更长一些，以便在下一个训练单元开始之前运动员能够完全恢复体能。例如，一名运动员在两个训练单元中进行4组重复5次的负重跳，这可以表示为：

$$2 \times 4 \times 5$$

与爆发力训练类似，爆发力耐力训练也可以采用更多的末端释放式练习，如奥林匹克举重和跳跃，以及更接近于运动专项动作的练习。如果需要的话，还可以使用VBT设备监控峰值速度。关于末端释放式练习和峰值速度的更多信息，请参见第4章和第10章。

训练参数

训练强度*	20%~60%1RM
VBT速度**	0.75~1.0米/秒（力量–速度） 1.0~1.3米/秒（速度–力量）
VBT速度损失或功率损失	<10%
节奏	爆发式
训练单元	2~4个
组数	3~6组
重复次数	非乳酸爆发力：重复2~5次 乳酸爆发力：重复12~30次
休息	两组练习之间休息5~20秒；两个训练单元之间休息3~5分钟（根据运动的要求）
训练频率	全身训练每周2~3次；上肢和下肢分化训练每周3~4次

*训练强度取决于一组练习的持续时间，以及运动员产生峰值功率时所用的负荷。

**VBT速度取决于运动员的力量和爆发力的特点，每个运动员可能在不同的速度训练区间（力量–速度和速度–力量）创造最大爆发力。

第四阶段：爆发力耐力（第5~8周）

训练计划安排

爆发力耐力全身训练计划示例

热身练习		练习	组数	时间	休息	节奏	VBT速度（米/秒）
	1	跳绳	1	5分钟	—	—	—
主要练习（运动强度保持在20%~60%1RM，速度损失或功率损失限制在<10%~15%之间）		练习	训练单元数量	组数×重复次数	休息	节奏	VBT速度（米/秒）
	1	高翻	3	3×5	两个训练单元之间休息4分钟；两组练习之间休息20秒	爆发式	1.5~2.0（在奥林匹克举重中使用PV）
	2	六角杠铃跳跃（20%~40%1RM）	2	5×5	两个训练单元之间休息4分钟；两组练习之间休息20秒	爆发式	1.0~1.3
	3	壶铃甩摆	2	5×5	两个训练单元之间休息4分钟；两组练习之间休息20秒	爆发式	1.0~1.3
	4	末端释放式杠铃卧推	2	5×5	两个训练单元之间休息4分钟；两组练习之间休息20秒	爆发式	0.85~1.0
核心		练习	组数	重复次数/呼吸次数	休息	节奏	VBT速度（米/秒）
	1a	站姿绳索抗旋转	2	每侧重复8次	—	—	—
	1b	宽站姿缆绳旋转	2	每侧重复8次	—	—	—
	1c	伸展练习	2	呼吸5次	1分钟	—	—
体能训练		练习	组数	时间	休息	节奏	VBT速度（米/秒）
	1	雪橇冲刺跑	5	8~10秒	2分钟	—	—

第四阶段：肌肉耐力

大多数运动员都需要耐力，肌肉耐力训练方法可用于训练运动员在某运动专项方面的神经和代谢能力（Parejo-Blanco et al., 2016）。肌肉耐力（长时间保持运动表现和能量输出的能力）分为以下3种类别。

- 短时间（乳酸能力）。平均持续时间为30秒~2分钟，如100码（约91米）蝶泳。
- 长时间（有氧爆发力）。平均持续时间为2~8分钟，如200码（约183米）蝶泳。
- 超长时间（有氧能力）。平均持续时间为8~10分钟，如马拉松或铁人三项。

在训练肌肉耐力时，可以将计划中的组数-重复次数与VBT的速度训练区间相结合，使运动员在更长的时间内保持足够的力量水平。注意：肌肉耐力在主要依赖非乳酸爆发力的爆发性运动（棒球或铅球）中并不是训练重点，因为这些运动的爆发力持续时间少于10秒。对于这些运动，力量和爆发力才是训练重点。

训练参数

短时间（乳酸能力）	训练强度	40%~60%1RM
	VBT速度*	下肢：0.75~1.0米/秒 上肢：0.60~0.70米/秒
	VBT速度损失**	—
	训练单元	2~4个
	组数	2~6组（每个练习为一组）
	时间	30秒~2分钟
	休息	两组练习之间休息5~20秒；两个训练单元之间休息3~5分钟
长时间（有氧爆发力）	训练强度	20%~40%1RM
	VBT速度	下肢：1.0~1.3米/秒 上肢：0.85~1.0米/秒
	VBT速度损失	—
	训练单元	2~4个
	组数	1~3组（每个练习为一组）
	时间	2~8分钟
	休息	两组练习之间休息2~3分钟；两个训练单元之间休息2~4分钟

第四阶段：肌肉耐力

续表

	训练强度	体重~30%1RM（下肢和上肢）
超长时间 （有氧能力）***	VBT速度	>1.3米/秒
	VBT速度损失	—
	训练单元	1~3个
	组数	4~6组（每个练习为一组）
	时间	8~10分钟
	休息	两组练习之间休息1分钟；两个训练单元之间休息2~3分钟

*VBT速度仅用于监测起始速度，以便安排正确的负荷。

**在进行肌肉耐力训练时，我没有设定速度损失，因为要持续较长时间的训练。

***表中给出了超长时间训练肌肉耐力（有氧能力）的参数，以适应马拉松和铁人三项等长距离运动项目。但后面没有提供训练计划，因为我觉得这超出了我的专业范围。

训练计划安排

肌肉耐力短时间全身训练计划示例

热身练习		练习	组数	时间	休息	节奏	VBT速度 （米/秒）
	1	跳绳	3	2分钟	1分钟	—	—
爆发力 快速伸缩 复合练习		练习	组数	重复次数	休息	节奏	VBT速度 （米/秒）
	1a	仰卧起坐药球 过顶抛掷	2	每侧重复5次	—	爆发式	—
	1b	跳箱	2	每侧重复5次	1分钟	爆发式	—
	2a	仰卧起坐药球 胸前传球	2	每侧重复5次	—	爆发式	—
	2b	爆发式登阶	2	每侧重复5次	1分钟	爆发式	—

第四阶段：肌肉耐力

续表

		练习	训练单元数量	组数×重复次数或时间	休息	节奏	VBT速度（米/秒）
主要练习（运动强度保持在40%~60%1RM）	1	分腿下蹲	2	4×30秒	两个训练单元之间休息4分钟；两组练习之间休息15秒	爆发式	下肢：0.75~1.0
	2	缆绳低位划船	2	4×30秒	两个训练单元之间休息4分钟；两组练习之间休息15秒	—	上肢：0.60~0.70
	3	弹力带卧推	2	4×30秒	两个训练单元之间休息4分钟；两组练习之间休息15秒	爆发式	上肢：0.60~0.70
	4	肱三头肌缆绳下压	2	4×30秒	两个训练单元之间休息4分钟；两组练习之间休息15秒	爆发式	—
	5a	单腿跪姿缆绳斜上拉	2	每侧进行2组重复8次的练习	30秒	—	—
	5b	侧桥	2	每侧进行2组重复8次的练习	1分钟	—	—

肌肉耐力长时间全身训练计划示例

热身练习		练习	组数	时间	休息	节奏	VBT（米/秒）
	1	跳绳	3	2分钟	1分钟	—	—
爆发力快速伸缩复合练习		练习	组数	重复次数	休息	节奏	VBT速度（米/秒）
	1a	仰卧起坐药球过顶抛掷	2	每侧重复5次	—	爆发式	—
	1b	跳箱	2	每侧重复5次	1分钟	爆发式	—
	2a	仰卧起坐药球胸前传球	2	每侧重复5次	—	爆发式	—
	2b	爆发式登阶	2	每侧重复5次	1分钟	爆发式	—

第四阶段：肌肉耐力

		练习	训练单元数量	组数 × 时间	休息	节奏	VBT 速度（米/秒）
主要练习（运动强度保持在20%~40%1RM）	1	长凳式臀桥	2	2×1分钟	两个训练单元之间休息4分钟；两组练习之间休息10秒	爆发式	下肢：1.0~1.3
	2	高位下拉	2	2×1分钟	两个训练单元之间休息4分钟；两组练习之间休息10秒	爆发式	上肢：0.85~1.0
	3	深蹲	2	2×1分钟	两个训练单元之间休息4分钟；两组练习之间休息10秒	爆发式	上肢：0.85~1.0
	4	弹力带卧推	2	2×1分钟	两个训练单元之间休息4分钟；两组练习之间休息10秒	爆发式	上肢：0.85~1.0
	5	坐姿哑铃肱二头肌弯举	2	2×1分钟	两个训练单元之间休息4分钟；两组练习之间休息10秒	爆发式	—

在将休赛季的力量提升训练转换为更具运动专项特点的训练时，爆发力和肌肉耐力等训练阶段对于运动员顺利进入比赛期至关重要。这个阶段的重点（非乳酸爆发力或乳酸爆发力、爆发力耐力和肌肉耐力）是由运动项目决定的。许多田径运动，如长曲棍球和足球，都需要在所有力量类型的训练方面花费时间；而更具爆发力的运动，如棒球或田径比赛中的投掷项目，则更加依赖于爆发力。无论训练的是哪种特定力量，都应该保持少量的最大力量训练，因为最大力量是其他类型力量的基础。

第**11**章

赛季中：力量与爆发力维持

本章介绍在第五阶段制订赛季内训练计划时需要考虑的一些特殊情况，以及针对不同情况的不同训练方法。我经常告诉运动员，赛季中的训练计划安排是非固定的，这种变化性就像试图击中一个移动的目标。因为比赛已经开始，而日程却无法进行系统安排。因此，让每周的训练计划保持一致几乎是不可能的。本章将讨论教练为赛季中的运动员进行训练计划安排时所采取的一些方法。

- 训练余波效应的管理。
- 计算运动专项所需的各种力量占比。
- 使用波动（非线性）周期化。

在大多数运动项目中，在赛季中进行的唯一力量训练是与运动专项相关的爆发力训练。因此，最大力量、爆发力耐力和肌肉耐力经常被忽略。从比赛的前3~6周开始，这些能力会随着时间推移而出现逐渐下降的情况。鉴于此，运动员和教练都需要在比赛期将不同程度的次最大力量和最大力量、爆发力、爆发力耐力和肌肉耐力训练纳入计划中（根据运动专项的不同，纳入的训练内容可能有所不同）。在运动员的赛季计划中，每项适应能力的强弱主要基于运动员的运动专项需求（本章将介绍力量占比）。

赛季内训练的主要目标

　　我总是告诉我的运动员，一旦赛季开始，大部分时间都将花费在运动专项上，真正要做的就是想办法让力量不退步。换句话说，从技术上讲，参加专项训练可以使运动员在运动中表现得更好，但这并不能使他们变得更强壮，他们甚至无法随着赛季的进行而保持专项训练适应性。

　　为了满足比赛期的要求，要在训练计划安排方面解决一些问题。让我们来看看我认为制订一个好的赛季内训练计划的主要目标是什么。

训练余波效应的管理

　　要制订一个有效的赛季内训练计划，第一个重要步骤是了解，运动有助于发展和维持的东西与运动员为了在该运动中取得成功而需要的东西是不同的（Winkelman, 2012）。训练余波效应是指停止训练刺激后专项适应能力在运动员身上能够保持的时间，或者换句话说，这是一旦比赛开始后某个特定力量适应性在运动员身上停留的时间长度（Winkelman, 2012）。例如，在田径运动中，为保持强壮而进行的深蹲与专项动作并没有直接关系，但它极大地提升了运动员在该运动中的表现。因此，为了让运动员在整个赛季中维持力量水平和保持良好的比赛状态，应将训练余波效应纳入任何有效的赛季内训练计划并重点考虑。表11.1显示了专项适应的训练余波效应时间框架（Issurin, 2008）。

表11.1　专项适应的训练余波效应时间框架

适应性能力	时间
肌肉耐力和有氧能力	30天（±5天）
最大力量	30天（±5天）
爆发力	18天（±5天）
爆发力耐力	15天（±5天）
速度	5天（±3天）

　　请注意，前两项特定能力（肌肉耐力和有氧能力以及最大力量）在训练停止后会持续较长的时间。这两个特定能力依赖于解剖学上的适应性，例如有氧

系统的线粒体密度（组织准备、增加肌肉横截面积）和发挥最大力量的肌纤维密度（增加肌肉横截面积和肌肉量）（Issurin, 2008）。这些特定能力的适应性相对比较稳定，这一事实使得它们在训练停止后可以持续更长的时间。因此，特定能力的适应性不需要像爆发力、爆发力耐力和速度等特定能力那样被频繁训练。（注意：我没有在本书中介绍"速度"训练，因为我没有将它列入我的训练计划安排中——速度是一个在赛季中通过比赛和练习不断训练的能力，并不依赖于使用VBT。）

除了停止针对性训练以外，其他可能导致特定能力快速下降的限制性因素如下。

- 准备期的时间效率低下。花费在特定能力上的时间越短，特定能力在你身上停留的时间就越短。准备期是组织准备，增加肌肉横截面积、次最大力量和最大力量的时期。例如，一名运动员在进入休赛季两个月后才开始训练，而且准备期只有6周，一旦开始持续比赛，他的力量素质下降速度很可能比准备期持续8~12周的运动员要快。因此，如果在准备期建立的生理适应性没有发展到一定的程度，就会导致该适应性在赛季中以更快的速度下降（Issurin, 2008）。出于这方面的考虑，我在休赛季早期使用了线性周期化或板块周期化训练方式，而不是波动周期化训练方式，以便在每个阶段都有更多的训练时间（参见第7章）。
- 在休赛季过早地应用波动（非线性）周期化训练方式。这与上面所列的第一个因素是大致相同的，波动周期化训练方式大大减少了在某种特定力量能力上实际花费的训练时间。

计算运动专项所需的各种力量占比

大多数运动员都需要保持最大力量、爆发力和爆发力耐力。由于赛季期间的比赛和专项练习限制了用于力量训练的时间，因此这些适应能力必须每周、每天甚至有时在同一天一起训练。所有特定力量能力对于优化运动表现都很重要，因此，不应该忽略任何一种特定力量能力。例如，田径运动中的投掷运动员和美式橄榄球中的前锋在比赛期间要持续最大力量，因此最大力量和爆发力训练的比例大体相等。耐力运动中的大多数运动员应该根据他们的运动专项或场上位置，对最大力量、爆发力耐力和肌肉耐力采用不同的训练比例。

表11.2提供了在不同运动专项中使用的不同适应性的总训练量（负荷、组数、休息时间）的赛季内比例（百分比）。这些比例都基于图德·邦帕（Tudor Bompa）所著的《运动周期化训练》（*Periodization Training for Sports*）（Bompa and Buzzichelli, 2015），我根据自己训练不同运动专项的运动员的经验，对这些比例稍微做了一些调整。邦帕在他的书中列出了所有的运动项目，而在本文中，我仅列出了几个项目。多年来，我在制定自己的赛季中训练方案时使用了这些比例，并取得了一些成功。如果你想获得与你有关的运动员和运动项目的比例，建议参阅《运动周期化训练》（*Periodization Training for Sports*）。

表11.2 基于运动专项需求的赛季中力量比例示例

体育运动或者项目	最大力量	爆发力 （非乳酸爆发力和乳酸爆发力）	爆发力耐力	肌肉耐力
棒球（投手）	40%	40%	20%	—
棒球	30%	60%	10%	—
游泳（100米）	40%	40%	20%	—
游泳（200米）	10%	10%	30%	50%
足球或曲棍球	30%	40%	20%	10%
MMA	10%	40%	30%	20%

经许可，转载自 [T.O. Bompa and C.A. Buzzichelli, *Periodization Training for Sports*, 3rd ed. (Champaign, IL: Human Kinetics, 2015), 312.]

运动的赛季内训练计划安排

正如在第7章中所介绍的，波动（非线性）周期化是一种包含动态方案的训练计划安排，首先要构建一个基础结构，但允许训练参数和方法每周或每天出现波动。这种类型的周期化可用来同时建立多种力量适应性的坚实基础。在赛季中，当专项训练和比赛需要大量时间，力量训练就没有充足的训练时间，这时就可以使用波动周期化。利用波动周期化，可以同时训练多种特定能力的适应性，从而尽可能减少力量训练单元的数量。因此，当在同一训练单元中训练不同的适应能力时，可以使用VBT设备同时监测速度损失和功率损失。在我看来，这是使波动周期化成为更有效的训练计划安排的原因，波动周期化也是我在表11.3中使用的周期化类型。注意：虽然每天都专注于不同的特定能力训练，但我不会去讨论每天的训练量。第12章介绍了这方面的内容并提供了训练计划示例。

表11.3　高中或大学篮球运动员为期两天的赛季中全身训练计划示例（最大力量占20%，爆发力占60%，爆发力耐力占20%）

第1天：最大力量和爆发力						
请注意，我根据正在执行的练习类型监测第1天的速度损失和功率损失。这是因为我正在合并波动周期化训练，所以我可以在一个训练单元中训练多个特定能力。在进行力量训练时，我把速度损失控制在20%~30%，但进行爆发力训练时，为了保持功率输出，我把速度损失控制在小于10%						
热身练习		练习	组数	时间	休息	节奏	VBT速度（米/秒）
	1	节奏跑	8	30秒	—	爆发式	—
主要练习（在进行力量训练时，运动强度保持在80%~90%1RM，速度损失保持在20%~30%；在进行爆发力训练时，运动强度保持在40%~60%1RM，功率损失保持在低于10%）		练习	组数	重复次数	休息	节奏	VBT速度（米/秒）
	1	力量：深蹲	3	3	3分钟，或根据需要进行休息	2-0-0	0.40~0.50
	2	力量：杠铃卧推	3	3	3分钟，或根据需要进行休息	2-0-0	0.35~0.45
	3	爆发力：六角杠铃硬拉	4	4	2分钟	爆发式	0.75~1.0
	4	爆发力：双边缆绳划船	4	4	2分钟	爆发式	0.60~0.70
	5	爆发力：侧向哑铃弓步	4	4	2分钟	爆发式	0.75~1.0

续表

		练习	组数	重复次数	休息	节奏	VBT速度（米/秒）
核心	1a	虫式核心练习	2	每侧重复6次	—	—	—
	1b	缆绳抗旋转前推	2	每侧重复6次	1分钟	0-5-0	—

第2天：爆发力耐力和爆发力							
热身练习		练习	组数	重复次数	休息	节奏	VBT速度（米/秒）
	1	灵活性循环训练	1	—	—	—	—
主要练习（在进行爆发力训练时，运动强度保持在40%~60%1RM，在进行爆发力耐力训练时，运动强度保持在20%~40%1RM，功率损失在10%以下）	1	爆发力耐力：六角杠铃跳跃	2	6×3	两组练习之间休息30秒；两个训练单元之间休息3分钟	爆发式	1.8~2.0（使用峰值速度）
	2	爆发力耐力：末端释放式杠铃卧推	2	6×3	两组练习之间休息30秒；两个训练单元之间休息3分钟	爆发式	1.8~2.0
		练习	组数	重复次数	休息	节奏	VBT速度（米/秒）
	3	爆发力：深蹲	4	4	30秒	爆发式	0.75~1.0
	4	爆发力：有弹力带辅助的俯卧撑	4	4	30秒	爆发式	0.60~0.70
	5	爆发力：分腿下蹲	4	4	30秒	爆发式	0.75~1.0
		练习	组数	重复次数	休息	节奏	VBT速度（米/秒）
核心	1a	虫式核心练习	2	每侧重复8次	—	—	—
	1b	单腿跪姿斜下劈	2	每侧重复6次	—	—	—

只要训练能够使神经肌肉系统产生良好适应性，力量为竞技表现带来的好处就会显现出来（Bompa and Buzzichelli, 2015）。如果停止力量训练，随着肌肉收缩能力的减弱和运动表现的显著下降，力量带来的好处很快也会逐渐消失。这在赛季初期通常不是问题，因为从休赛季训练中获得的力量增益仍在发挥作用，但随着赛季的继续，运动员的力量、爆发力和耐力便会开始出现明显下降。所有这些特定能力的轻微下降都会对运动员的最佳表现产生负面影响。

为了避免停训的负面效应，运动员在赛季中（比赛期）要开展适合运动专项的力量训练计划。在大多数时候，由于时间限制，可能会在同一周内训练不同的特定力量能力，因此，波动周期化是一个更适合的选择。

第12章

训练计划示例

最后一章提供了几个不同阶段全身训练计划的示例，以及介绍了如何将VBT融入运动员年度计划的各个阶段。尽管这些计划是全身训练计划的示例，但可以将它们分为上肢和下肢分化训练，以增加每个身体部分的训练量。

准备期前三个阶段的计划是为所有运动员设计的，适用于各种运动项目。随着比赛季的临近，这些计划旨在让运动员为第四阶段和第五阶段的更多运动专项训练做好准备。例如，田径运动员需要获得不同程度的各种力量适应性，而标枪运动员或棒球运动员只需要专注于最大力量和爆发力训练。鉴于此，关于第四阶段和第五阶段的章节提供了各种训练计划示例，而关于第一阶段、第二阶段和第三阶段的章节提供了适用于所有运动项目的训练计划示例。

简而言之，所有训练计划示例中的VBT的速度训练区间都具有普适性，而实际上，每个运动员都是与众不同的，都有自己的个性化速度训练区间。这些训练区间是基于单个运动员的力量–速度分析得到的，而且力量–速度分析应该在实施初始训练计划之前进行（参见第5章）。如果无法进行分析，可以借鉴示例中的速度训练区间，这些年来，训练参数表中列出的区间对我来说效果很好，我获得了一些有益成果。第一阶段和第二阶段（组织准备和增加肌肉横截面积）中提供的速度范围仅用于获得准确起始负荷。在这些阶段中，由于肌肉需要始终保持紧张状态，所以速度不是训练的重点，也不需要监控速度。在所有阶段中，根据运动员的力量－速度曲线，速度可能会在所提供的速度训练区间内发生变化。另外，不应该将VBT用于所有练习——只有重要的力量练习，才需要严格监测速度。

同样地，速度损失范围可以作为一个指导，以确保在前三个阶段对肌纤维进行足够的刺激，从而训练出所需的肌肉横截面积和特定力量适应性。此外，在第四阶段和赛季中，我还使用了规定的功率损失来训练爆发力和爆发力耐力，以确保运动员有足够的休息时间来保持整个练习过程中的速度和爆发力（如果你需要复习，请参阅第6章中关于速度损失的内容）。

我鼓励读者参考以下训练计划示例，制订自己的训练计划。随着你在进行训练计划安排时变得高效，并能自如地解读VBT速度和速度损失，你就可以轻松地设计出符合不同运动专项的运动员的特定需求的训练计划。

第一阶段：休赛期早期

组织准备

经过漫长的赛季和短暂的恢复期后，开始进入准备期。第一阶段的组织准备工作完全按照以下方式进行：让肌肉组织和肌腱为应对第二阶段和第三阶段中的更大负荷和更多训练量做好准备。

目标

- 增强肌肉和肌腱的抗损伤力量，尤其是在肌肉被拉长到最大限度时。
- 在力量训练房中建立良好的运动模式。

训练参数

训练强度	40%~60%1RM（每周逐渐增加）
VBT速度（向心阶段）	0.75~1.0米/秒（仅监测起始速度）
VBT速度损失	30%~40%
节奏	3-1-0，3-2-0，4-2-0
重复次数	重复次数从12~15次降至8次（每周减少2次，并将速度损失纳入重复次数方案中）
组数	每个练习做2~4组
休息	两组练习之间休息1~2分钟
训练频率	每周训练2~4次

第一阶段：休赛期早期

训练计划示例

组织准备全身训练计划示例

热身练习		练习	组数	时间	休息	节奏	VBT速度（米/秒）
	1	空气阻力自行车	1	10分钟	—	—	—
主要练习（运动强度保持在40%~60%1RM，速度损失保持在30%~40%）		练习	组数	重复次数/时间	休息	节奏	VBT速度（米/秒）
	1a	单腿硬拉	3	每侧重复15次	—	3-2-0	0.75~1.0
	1b	俯卧髋关节旋转肌伸展	2	每侧30秒	90秒	—	—
	2a	军事推举	3	重复15次	—	4-2-0	0.60~0.70
	2b	侧卧交叉伸展	2	每侧30秒	90秒	—	—
	3a	颈前深蹲	3	重复15次	—	4-2-0	0.75~1.0
	3b	三平面腘绳肌拉伸	2	每侧30秒	90秒	—	—
	4a	站姿划船	3	重复15次	—	4-2-0	0.60~0.70
	4b	弹力带腘绳肌伸展	2	每侧30秒	90秒	—	—
	5a	腿弯举	3	重复15次	—	3-2-0	0.75~1.0
	5b	4字伸展	2	每侧30秒	90秒	—	—
核心		练习	组数	重复次数/时间	休息	节奏	VBT速度（米/秒）
	1a	V字仰卧起坐	3	30秒	—	—	—
	1b	单腿跪姿缆绳斜上拉	3	每侧重复12次	1分钟	—	—

第二阶段：休赛期早期

增加肌肉横截面积

一旦解决了肌肉组织和肌腱的抗损伤力量问题，训练重点就会转向增加肌肉体积（瘦体重）和力量。

目标

- 增加I型低阈值肌纤维横截面积（增加I型肌肉横截面积）。
- 增加II型高阈值肌纤维横截面积（增加II型肌肉横截面积）。
- 增加高能量底物和酶的储存容量（提升恢复能力）。

训练参数

训练强度	增加I型肌肉横截面积：40%~60%1RM（每周逐渐增加）
	增加II型肌肉横截面积：75%~85%1RM（每周逐渐增加）
VBT速度	增加I型肌肉横截面积：0.75~1.0米/秒（仅监测起始速度）
	增加II型肌肉横截面积：0.40~0.60米/秒（仅监测起始速度）
VBT速度损失	增加I型肌肉横截面积：40%~50%
	增加II型肌肉横截面积：10%~20%
节奏	增加I型肌肉横截面积：3-0-0，4-0-0
	增加II型肌肉横截面积：1-0-0，2-0-0
重复次数	增加I型肌肉横截面积：重复次数从16次降至10次（每周减少2次，并将速度损失纳入重复次数方案中）
	增加II型肌肉横截面积：重复次数从10次降至5次（每周减少2次，并将速度损失纳入重复次数方案中）
组数	增加I型肌肉横截面积：每个练习做3~5组
	增加II型肌肉横截面积：每个练习做3~8组
休息	增加I型肌肉横截面积：1~3分钟
	增加II型肌肉横截面积：2~5分钟
训练频率	每周训练2~4次

第二阶段：休赛期早期

训练计划示例

增加I型肌肉横截面积全身训练计划示例

热身练习		练习	组数	时间	休息	节奏	VBT速度（米/秒）
	1	动感单车或空气阻力自行车	1	5分钟	—	—	—
爆发力快速伸缩复合练习		**练习**	**组数**	**重复次数/时间**	**休息**	**节奏**	**VBT速度（米/秒）**
	1a	药球下砸（4~5千克）	3	重复8次	—	爆发式	—
	1b	弹力带腘绳肌伸展	2	每侧30秒	1分钟	—	—
	2a	跳箱	3	重复6次	—	爆发式	—
	2b	胸椎旋转	2	每侧重复8次	1分钟	—	—
主要练习（运动强度保持40%~60%1RM，速度损失保持在40%~50%）		**练习**	**组数**	**重复次数/时间**	**休息**	**节奏**	**VBT速度（米/秒）**
	1a	杠铃硬拉	4	重复12次	—	3-0-0	0.75~0.80
	1b	弹力带腘绳肌伸展	3	30秒	2分钟	—	—
	2a	单臂哑铃划船	4	每侧重复12次	—	4-0-0	0.75~0.80
	2b	猫驼式伸展	3	重复10次	2分钟	—	—
	3a	杠铃前蹲	4	重复12次	—	3-0-0	0.75~0.80
	3b	相扑式伸展	3	30秒	2分钟	—	—
	4a	负重俯卧撑	4	重复14次	—	4-0-0	0.75~0.80
	4b	门框胸肌伸展	3	30秒	2分钟	—	—
核心		**练习**	**组数**	**重复次数/时间**	**休息**	**节奏**	**VBT速度（米/秒）**
	1a	平板支撑	3	30秒	—	—	—
	1b	侧桥	3	每侧重复8次	1分钟	—	—

第二阶段：休赛期早期

增加Ⅱ型肌肉横截面积全身训练计划示例

热身练习		练习	组数	时间	休息	节奏	VBT速度（米/秒）
	1	动感单车或空气阻力自行车	1	5分钟	—	—	—
爆发力快速伸缩复合练习		练习	组数	重复次数/时间	休息	节奏	VBT速度（米/秒）
	1a	药球下砸（4~5千克）	3	重复8次	—	爆发式	—
	1b	弹力带腘绳肌伸展	2	每侧30秒	1分钟	—	—
	2a	跳箱	3	重复6次	—	爆发式	—
	2b	胸椎旋转	2	每侧重复8次	1分钟	—	—
主要练习（运动强度保持在75%~85%1RM，速度损失保持在10%~20%）		练习	组数	重复次数/时间	休息	节奏	VBT速度（米/秒）
	1a	杠铃硬拉	5	重复6~8次	—	2-0-0	0.50~0.60
	1b	弹力带腘绳肌伸展	4	每侧保持30秒	2分钟	—	—
	2a	单臂哑铃划船	5	每侧重复6~8次	—	2-0-0	0.40~0.50
	2b	猫驼式伸展	4	重复10次	2分钟	—	—
	3a	杠铃前蹲	5	重复6~8次	—	2-0-0	0.50~0.60
	3b	相扑式伸展	4	30秒	2分钟	—	—
	4a	负重俯卧撑	5	重复6~8次	—	2-0-0	0.40~0.50
	4b	门框胸肌伸展	4	30秒	2分钟	—	—
核心		练习	组数	重复次数/时间	休息	节奏	VBT速度（米/秒）
	1a	平板支撑	3	30秒	—	—	—
	1b	侧桥	3	每侧重复8次	1分钟	—	—

第三阶段：休赛季中期

次最大力量和最大力量

任何运动项目都要求运动员具备能够同时募集主要肌肉和II型肌纤维的能力，并保持这些肌纤维的募集频率。这些要求的达成主要依赖于拥有坚实的最大力量基础——第三阶段的训练重点。

目标

- 促进II型肌纤维中更多的自主运动单元募集。
- 增强中短持续时间的肌肉耐力。
- 提升睾酮水平和相对力量。

次最大力量

训练参数

训练强度	60%~80%1RM
VBT速度	0.50~0.75米/秒（加速力量）
VBT速度损失	20%~30%
节奏	2-0-0
重复次数	3~10次
组数	3~8组
休息	2~3分钟
训练频率	每周进行3~4次上肢和下肢分化训练；每周进行2~3次全身训练

训练计划示例

次最大力量全身训练计划示例

热身练习		练习	组数	时间	休息	节奏	VBT速度（米/秒）
	1	节奏跑	1	5分钟	40秒	—	—
主要练习（运动强度保持在60%~80%1RM，速度损失保持在20%~30%）		练习	组数	重复次数/时间	休息	节奏	VBT速度（米/秒）
	1a	罗马尼亚硬拉	5	重复5次	—	2-0-0	0.50~0.75
	1b	俯卧髋关节旋转肌伸展	4	每侧30秒	2分钟	—	—
	2a	斜杠T字划船	5	每侧重复5次	—	2-0-0	0.45~0.55
	2b	拉伸练习	4	每侧30秒	2分钟	—	—
	3a	分腿下蹲	5	每侧重复5次	—	2-0-0	0.50~0.75
	3b	拉伸练习	4	每侧30秒	2分钟	—	—
	4a	哑铃卧推	5	重复5次	—	2-0-0	0.45~0.55
	4b	相扑式伸展	4	30秒	2分钟	—	—
核心		练习	组数	重复次数	休息	节奏	VBT速度（米/秒）
	1a	虫式核心练习	3	每侧重复8次	—	—	—
	1b	单腿跪姿斜下劈	3	每侧重复8次	—	—	—

第三阶段：休赛季中期

最大力量

训练参数

训练强度	80%~95%1RM
VBT速度（向心阶段）	<0.50米/秒
VBT速度损失	20%~30%
节奏	2-0-0
重复次数	1~6次
组数	3~8组
休息	3~5分钟
训练频率	每周进行3~4次上肢和下肢分化训练；每周进行2~3次全身训练

训练计划示例

最大力量全身训练计划示例

		练习	组数	时间	休息	节奏	VBT速度（米/秒）
热身练习	1	动感单车或空气阻力自行车	1	5分钟	—	—	—
		练习	**组数**	**重复次数/时间**	**休息**	**节奏**	**VBT速度（米/秒）**
主要练习（运动强度保持在80%~95%1RM，速度损失保持在20%~30%）	1a	杠铃硬拉	5	重复3次	—	2-0-0	0.40~0.50
	1b	臀部肌肉伸展	4	每侧重复5次	3分钟	—	—
	2a	杠铃卧推	5	重复3次	—	2-0-0	0.35~0.45
	2b	侧卧交叉伸展	4	每侧30秒	3分钟	—	—
	3a	深蹲	5	重复3次	—	2-0-0	0.40~0.50
	3b	横向跨步行走	4	每侧重复5次	3分钟	—	—
	4a	单臂哑铃划船	5	每侧重复3次	—	爆发式	0.35~0.45
	4b	弹力带侧向拉伸	4	每侧30秒	3分钟	—	—
		练习	**组数**	**重复次数**	**休息**	**节奏**	**VBT速度（米/秒）**
核心	1a	虫式核心练习	—	每侧重复8次	—	—	—
	1b	单腿跪姿斜下劈	3	每侧重复8次	—	—	—

第四阶段：休赛季后期

转向运动专项爆发力

在第四阶段，我们开始在前几个阶段中获得的特定力量的基础上，学习以更快的速度去应用它们。这也称为训练"运动专项爆发力"，运动专项爆发力在比赛临近时非常重要。

目标

- 将力量增益转化为运动专项爆发力和爆发力耐力。
- 提升心脏功能和乳酸阈值。
- 监测速度损失或功率损失，以训练爆发力和爆发力耐力。

非乳酸爆发力

训练参数

训练强度	40%~80%1RM（达到峰值功率的负荷）
VBT速度（向心阶段）	0.50~1.0米/秒（达到峰值功率的速度）
VBT速度损失或功率损失	<10%1RM
节奏	爆发式
重复次数	2~5次（<10秒）
组数	3~8组
休息	2~3分钟
训练频率	全身训练每周2~3次；上肢和下肢分化训练每周3~4次

训练计划示例

高中或大学棒球运动员的非乳酸爆发力（力量-爆发力）全身训练计划示例

热身练习		练习	组数	时间	休息	节奏	VBT速度（米/秒）
	1	节奏跑	8	30秒	1分钟	—	—
主要练习（运动强度保持在40%~80%1RM，速度损失或功率损失保持在10%以下）		练习	组数	重复次数	休息	节奏	VBT速度（米/秒）
	1a	六角杠铃硬拉	6	5	2分钟	爆发式	0.75~1.0
	2	单腿跪姿反向缆绳划船	6	5	2分钟	爆发式	0.75~1.0
	3	分腿下蹲	6	每侧重复5次	2分钟	爆发式	0.75~1.0
	4	哑铃卧推	6	5	2分钟	爆发式	0.60~0.80

第四阶段：休赛季后期

续表

		练习	组数	重复次数	休息	节奏	VBT速度（米/秒）
核心	1a	虫式核心练习	2	每侧重复8次	—	—	—
	1b	单腿跪姿斜下劈	2	每侧重复6次	—	—	—
	1c	肩带练习	2	每侧重复10次	1分钟	—	—
		练习	组数	距离	休息	节奏	VBT速度（米/秒）
体能训练	1	冲刺跑	5	27米	2分钟	—	—

乳酸爆发力

训练参数

训练强度	20%~60%1RM（达到峰值功率的负荷）
VBT速度	下肢：0.75~1.3米/秒 上肢：0.60~1.0米/秒 （力量-速度和速度-力量，达到峰值功率的速度）
VBT速度损失	<10%1RM
节奏	爆发式
重复次数	12~30次
组数	3~8组
休息	4~12分钟
训练频率	全身训练每周2~3次；上肢和下肢分化训练每周3~4次

第四阶段：休赛季后期

训练计划示例

高中或大学冰球运动员的乳酸爆发力（力量−爆发力）全身训练计划示例

热身练习		练习	组数	时间	休息	节奏	VBT速度（米/秒）
	1	节奏跑	8	30秒	1分钟	—	—
主要练习（运动强度保持在20%~60%1RM，速度损失或功率损失保持在10%以下）		练习	组数	重复次数	休息	节奏	VBT速度（米/秒）
	1	六角杠铃硬拉	3	12	4分钟	爆发式	下肢：0.75~1.3
	2	卧拉	3	15	3分钟	爆发式	上肢：0.60~0.80
	3	颈前深蹲	3	12	4分钟	爆发式	下肢：0.75~1.3
	4	哑铃卧推	3	15	3分钟	爆发式	上肢：0.60~0.80
核心		练习	组数	重复次数	休息	节奏	VBT速度（米/秒）
	1a	虫式核心练习	2	每侧重复8次	—	—	—
	1b	单腿跪姿斜下劈	2	每侧重复6次	—	—	—
	1c	肩带练习	2	每侧重复10次	1分钟	—	—
体能训练		练习	组数	距离	休息	节奏	VBT速度（米/秒）
	1	冲刺跑	5	27米	2分钟	—	—

爆发力耐力

训练参数

训练强度	20%~60%1RM（达到峰值功率的负荷）
VBT速度（向心阶段）	0.75~1.3米/秒（达到峰值功率的速度）
VBT速度损失或功率损失	<10%
节奏	爆发式
重复次数	非乳酸爆发力：重复2~5次 乳酸爆发力：重复12~30次
训练单元	2~4个
组数	3~6组
休息	两组练习之间休息5~20秒；两个训练单元之间休息3~5分钟
训练频率	全身训练每周2~3次；上肢和下肢分化训练每周3~4次

第四阶段：休赛季后期

训练计划示例

高中或大学橄榄球运动员的爆发力耐力（速度-爆发力）全身训练计划示例

热身练习		练习	组数	时间	休息	节奏	VBT速度（米/秒）
	1	跳绳	1	5分钟	—	—	—
主要练习（运动强度保持在20%~60%1RM，速度损失或功率损失保持在10%以下）		练习	训练单元数量	组数×重复次数	休息	节奏	VBT速度（米/秒）
	1a	高翻	2	5×5	两组练习之间休息2分钟；两个训练单元之间休息4分钟	爆发式	1.5~2.0（用于奥林匹克举重练习的峰值速度）
	2	六角杠铃跳跃（20%~40%1RM的负荷）	2	5×3	两组练习之间休息20秒；两个训练单元之间休息4分钟	爆发式	1.0~1.3
	3	壶铃甩摆	2	5×5	两组练习之间休息20秒；两个训练单元之间休息4分钟	爆发式	1.0~1.3
	4	末端释放式杠铃卧推	2	5×3	两组练习之间休息20秒；两个训练单元之间休息4分钟	爆发式	0.85~1.0
核心		练习	组数	重复次数/呼吸次数	休息	节奏	VBT速度（米/秒）
	1a	站姿绳索抗旋转	2	每侧重复8次	—	—	—
	1b	宽站姿缆绳旋转	2	每侧重复8次	—	—	—
	1c	伸展练习	2	呼吸5次	1分钟	—	—
体能训练		练习	组数	时间	休息	节奏	VBT速度（米/秒）
	1	雪橇冲刺跑	5	8~20秒	2分钟	—	—

第四阶段：休赛季后期

肌肉耐力

训练参数

训练强度	短时间：40%~60%1RM
	长时间：20%~40%1RM
VBT速度（向心阶段）	短时间：0.60~1.0米/秒
	长时间：0.85~1.3米/秒
VBT速度损失	短时间：—
	长时间：—
节奏	短时间：爆发式
	长时间：爆发式
时间	短时间：每个练习30秒~2分钟
	长时间：每个练习2~8分钟
训练单元	短时间：2~4个
	长时间：2~4个
组数	短时间：每个练习做2~6组
	长时间：每个练习做1~3组
休息	短时间：两组练习之间休息5~20秒；两个训练单元之间休息3~5分钟
	长时间：两组练习之间休息2~3分钟；两个训练单元之间休息2~4分钟

训练计划示例

高中或大学游泳运动员（50~100米蝶泳）的肌肉耐力（短时间肌肉耐力或乳酸爆发力）
全身训练计划示例

热身练习		练习	组数	时间	休息	节奏	VBT速度（米/秒）
	1	跳绳	3	2分钟	1分钟	—	—
爆发力快速伸缩复合练习		练习	组数	重复次数	休息	节奏	VBT速度（米/秒）
	1a	仰卧起坐药球过顶抛掷	2	5	—	爆发式	—
	1b	跳箱	2	5	1分钟	爆发式	—
	2a	仰卧起坐药球胸前传球	2	5	—	爆发式	—
	2b	爆发式登阶	2	每侧重复5次	1分钟	爆发式	—

第四阶段：休赛季后期

		练习	训练单元数量	组数 × 重复次数或时间	休息	节奏	VBT速度（米/秒）
主要练习（运动强度保持在40%~60%1RM）	1	分腿下蹲	2	4组 × 30秒	两个训练单元之间休息4分钟；两组练习之间休息15秒	爆发式	0.75~1.0
	2	缆绳低位划船	2	4组 × 30秒	两个训练单元之间休息4分钟；两组练习之间休息15秒	—	0.60~0.70
	3	弹力带卧推	2	4组 × 30秒	两个训练单元之间休息4分钟；两组练习之间休息15秒	爆发式	0.60~0.70
	4	肱三头肌缆绳下压	2	4组 × 30秒	两个训练单元之间休息4分钟；两组练习之间休息15秒	爆发式	—
	5a	单腿跪姿缆绳斜上拉	2	每侧重复2组，每组重复8次	30秒	—	—
	5b	侧桥	2	每侧重复2组，每组重复8次	1分钟	—	—

第四阶段：休赛季后期

综合格斗运动员的肌肉耐力（长时间，或有氧爆发力）全身训练计划示例

热身练习		练习	组数	时间	休息	节奏	VBT速度（米/秒）
	1	跳绳	3	2分钟	1分钟	—	—
爆发力快速伸缩复合练习		练习	组数	重复次数	休息	节奏	VBT速度（米/秒）
	1a	仰卧起坐药球过顶抛掷	2	5	—	爆发式	—
	1b	跳箱	2	5	1分钟	爆发式	—
	2a	仰卧起坐药球胸前传球	2	5	—	爆发式	—
	2b	爆发式登阶	2	每侧重复5次	1分钟	爆发式	—
主要练习（运动强度保持在20%~40%1RM）		练习	训练单元数量	组数×时间	休息	节奏	VBT速度（米/秒）
	1	长凳式臀桥	2	2组×120秒	两个训练单元之间休息4分钟；两组练习之间休息10秒	爆发式	0.85~1.0
	2	高位下拉	2	2组×120秒	两个训练单元之间休息4分钟；两组练习之间休息10秒	爆发式	0.75~1.0
	3	深蹲	2	2组×120秒	两个训练单元之间休息4分钟；两组练习之间休息10秒	爆发式	0.85~1.0
	4	弹力带卧推	2	2组×120秒	两个训练单元之间休息4分钟；两组练习之间休息10秒	爆发式	0.75~1.0
	5	坐姿哑铃肱二头肌弯举	2	2组×120秒	两个训练单元之间休息4分钟；两组练习之间休息10秒	爆发式	—

第五阶段：赛季中

力量与爆发力维持

大多数运动员都需要保持最大力量、爆发力和爆发力耐力（关于赛季中不同运动项目的力量比例要求，参见表11.2）。由于赛季中的比赛和专项练习限制了力量训练的时间，这些适应能力应每周、每天训练，甚至有时会在同一天一起训练。所有特定能力对于优化运动表现都很重要，因此，不应该让一个特定能力的训练优先于另一个特定能力的训练。

目标

- 管理训练余波效应。
- 合理安排运动专项所需的特定力量的比例。

训练计划示例

高中或大学篮球运动员为期两天的赛季全身训练计划示例（最大力量占20%，爆发力占60%，爆发力耐力占20%）

		第1天					
热身练习		练习	组数	时间	休息	节奏	VBT速度（米/秒）
	1	节奏跑	8	30秒	1分钟	—	—
主要练习（在进行最大力量训练时，运动强度保持在80%~90%1RM，速度损失保持在20%~30%，在进行爆发力训练时，运动强度保持在40%~60%1RM，速度损失保持在10%以下）		练习	组数	重复次数	休息	节奏	VBT速度（米/秒）
	1	最大力量：深蹲	3	3	3分钟，或根据需要进行休息	2-0-0	0.40~0.50
	2	最大力量：杠铃卧推	3	3	3分钟，或根据需要进行休息	2-0-0	0.35~0.45
	3	爆发力：六角杠铃硬拉	4	4	2分钟	爆发式	0.75~1.0
	4	爆发力：双边缆绳划船	4	4	2分钟	爆发式	0.60~0.70
	5	爆发力：侧向哑铃弓步	4	4	2分钟	爆发式	0.75~1.0
核心	1a	虫式核心练习	2	每侧重复6次	—	—	—
	1b	绳索抗旋转前推	2	每侧重复6次	1分钟	0-5-0	—

第2天						
热身练习		练习	组数	重复次数/时间	休息	节奏	VBT速度（米/秒）
	1	灵活性循环训练	1	—	—	—	—

主要练习 在进行爆发力耐力训练时，运动强度保持在20%~60%1RM，在进行爆发力训练时，运动强度保持在40%~60%1RM，功率损失保持在10%以下）		练习	训练单元数量	组数×重复次数	休息	节奏	VBT速度（米/秒）
	1	爆发力：六角杠铃跳跃	2	6×3	两组练习之间休息10秒；两个训练单元之间休息3分钟	爆发式	1.8~2.0（使用峰值速度）
	2	爆发力：末端释放式杠铃卧推	2	6×3	两组练习之间休息10秒；两个训练单元之间休息3分钟	爆发式	1.8~2.0（使用峰值速度）
		练习	组数	重复次数	休息	节奏	VBT速度（米/秒）
	3	爆发力耐力：深蹲	4	4	3分钟	爆发式	0.75~1.0
	4	爆发力耐力：有弹力带辅助的俯卧撑	4	4	3分钟	爆发式	0.60~0.70
	5	爆发力耐力：分腿下蹲	4	4	3分钟	爆发式	0.75~1.0

核心		练习	组数	重复次数	休息	节奏	VBT速度（米/秒）
	1a	虫式核心练习	2	每侧重复8次	—	—	—
	1b	单腿跪姿斜下劈	2	每侧重复8次	—	—	—

　　训练计划的周期化设计是一门艺术。有很多关于这个主题的好书，我建议你买几本并开始相关的学习之旅，以帮助你更好地在训练中应用VBT。虽然使用VBT来设定负荷和监测疲劳可以更好地提升力量和速度，但适合一名运动员的训练计划可能并不适合另一名运动员。你要知道，诸如身高、体重、训练年限和肌纤维密度等变量可以使两名运动员的力量特点完全不同。唯一真正有效的训练计划安排方法是为每个运动员建立档案，并每天通过自动调节来监测疲劳。

参考文献

前言

Mann, J.B. 2016. *Developing Explosive Athletes: Use of Velocity-Based Training in Training Athletes.* 1st ed. Self-published, CreateSpace.

第1章

Flanagan, E.P., and M. Jovanovic. 2014. "Researched Applications of Velocity Based Strength Training." *Journal of Australian Strength & Conditioning* 22: 58–69.

González-Badillo, J.J, and L. Sánchez-Medina. 2010. "Movement Velocity as a Measure of Loading Intensity in Resistance Training." *International Journal of Sports Medicine* 31(5): 347–352.

Jidovtseff, B., Harris, N.K., Crielaard, J.M., and J.B. Cronin. 2011. "Using the Load—Velocity Relationship for 1RM Prediction. *Journal of Strength and Conditioning Research* 25(1): 267–270.

Loturco, I., Kobal, R., Morales, J.E., Kitamura, K., Cal Abad, C.C., Pereira, L.A., and F.Y. Nakamura. 2017. "Predicting the Maximum Dynamic Strength in Bench Press: The High Precision of the Bar Velocity Approach. *Journal of Strength and Conditioning Research* 31(4): 1127–1131.

Mann, J.B., Thyfault, J.P., Ivey, P.A., and S.P. Sayers. 2010. "The Effect of Autoregulatory Progressive Resistance Exercise vs. Linear Periodization on Strength Improvement in College Athletes." *Journal of Strength and Conditioning Research* 24(7): 1718–23.

Mann, J.B. 2016. *Developing Explosive Athletes: Use of Velocity-Based Training in Training Athletes.* 1st ed. Self-published, CreateSpace.

NCAA. n.d. "Velocity Based Training." *Health and Safety.* Accessed May 9, 2017.

Ormsbee M.J., Carzoli, J., Klemp, A., Allman, B., Zourdos, M.C., Jeong-Su, K., and L. Panton. 2017. "Efficacy of the Repetitions in Reserve-Based Rating of Perceived Exertion for the Bench Press in Experienced and Novice Benchers. *Journal of Strength and Conditioning Research* 33(2): 337–345.

Plofker, C. n.d. "Velocity-Based Training Options for Strength." *Simplifaster* (blog). Accessed November 10, 2020.

Randell, A.D., Cronin, J.B., Keogh, J.W.L., Gill, N.D., and M.C. Pedersen. 2011. "Effect of Instantaneous Performance Feedback During 6 Weeks of Velocity-Based Resistance Training on Sport-Specific Performance Tests. *Journal of Strength and Conditioning Research* 25(1): 87–93.

Science for Sport. "Velocity Based Training." Velocity Based Training. Last modified August 5, 2017.

Wulf, G. 2012. "Attentional Focus and Motor Learning: A Review of 15 Years. *International Review of Sport and Exercise Physiology*, 6(1): 77–104.

第2章

Baker, D. 2014. "An Intro to Velocity Based Training." *Push* (blog), Train with Push. February 14, 2014.

Crewther, B., Cronin, J., and J. Keogh. 2006. "Possible Stimuli for Strength and Power Adaptation: Acute Metabolic Responses. *Sports medicine* (Auckland, N.Z.) 36: 65–78.

González-Badillo, J.J., and L. Sánchez-Medina. 2010. "Movement Velocity as a Measure of Loading Intensity in Resistance Training." *International Journal of Sports Medicine* 31: 347–352.

González-Badillo, J.J., Marques, M.C., and L. Sánchez-Medina. 2011. "The Importance of Movement Velocity as a Measure to Control Resistance Training Intensity." *Journal of Human Kinetics* 29A: 15–19.

Kraemer, W.J., and N.A. Ratamess. 2004. "Fundamentals of Resistance Training: Progression and Exercise Prescription." *Medicine & Science in Sports & Exercise* 36(4): 674–688.

Loturco, I., Nakamura, F.Y., Tricoli, V., Kobal, R., Abad, C.C.C., Kitamura, K., Ugrinowitsch, C., Gil, S., Pereira, L.A., and J.J. González–Badillo. 2015. "Determining the Optimum Power Load in Jump Squat Using the Mean Propulsive Velocity. *PLoS ONE* 10(10): e0140102.

Sánchez-Medina, L., Perez, C.E., and J.J. González-Badillo. 2010. "Importance of the Propulsive Phase in Strength Assessment." *International Journal of Sports Medicine* 31: 123–129.

Walker, O. 2017. "Velocity Based Training." 2017. *Science for Sport* (blog). August 5, 2017.

第3章

Cronin, J.B., Hing, R.D., and P.J. McNair. 2004. "Reliability and Validity of a Linear Position Transducer for Measuring Jump Performance." *The Journal of Strength and Conditioning Research* 18(3): 590–593.

Donnelly, S. n.d. "Get Started With Your PUSH Band." *Getting Started*. Accessed November 5, 2020.

Hansen, K.T., Cronin, J.B., and M.J. Newton. 2011. "The Reliability of Linear Position Transducer, Force Plate and Combined Measurement of Explosive Power-Time Variables During a Loaded Jump Squat in Elite Athletes." *Sports Biomechanics* 10(1): 46–58.

Pareja-Blanco F., Rodríguez-Rosell, D., Sánchez-Medina, L., Sanchis-Moysi, J., Dorado, C., Mora-Custodio, R., Yáñez-García, J.M., et al. 2016. "Effects of Velocity Loss During Resistance Training on Athletic Performance, Strength Gains and Muscle Adaptations." *Scandinavian Journal of Medicine & Science in Sports* 27(7): 724–735.

Valle, C. n.d. "Getting Started with Velocity-Based Training and GymAware." *SimpliFaster* (blog). Accessed November 10, 2020.

第4章

Bowhay, S. 2020. "Implementing VBT in Professional Soccer." Filmed April 20, 2020.

Mann, J.B. 2016. *Developing Explosive Athletes: Use of Velocity Based Training in Athletes*. 1st ed. Self-published, CreateSpace.

Sevin, T. n.d. "Strength Continuum in Resistance Training: Answering the 'Why.'" *SimpliFaster* (blog). Accessed November 10, 2020.

Valle, C. n.d. "Force-Velocity Profiling and Prescription With Athletes." *SimpliFaster* (blog). Accessed November 10, 2020.

第5章

González-Badillo, J.J., and L. Sánchez-Medina. 2010. "Movement Velocity as a Measure of Loading Intensity in Resistance Training." *International Journal of Sports Medicine* 31: 347–352.

Jidovtseff B., Quièvre J., Hanon C., and J.M. Crielaard. 2009 "Inertial Muscle Profiles Allow a More Accurate Training Loads Definition." *Sport & Science* 24(2), 91–96.

Izquierdo, M., González-Badillo, J.J., Häkkinen, K., Ibañez, J., Kraemer, W.J., Altadill, A., Eslava, J., and E.M. Gorostiaga. 2006. "Effect of Loading on Unintentional Lifting Velocity Declines During Single Sets of Repetitions to Failure During Upper and Lower Extremity Muscle Actions." *International Journal of Sports Medicine* 27: 718–724.

Mann, J.B. 2016. *Developing Explosive Athletes: Use of Velocity-Based Training in Training Athletes.* 1st ed. Self-published, CreateSpace.

Science for Sport. "Velocity Based Training." *Velocity Based Training.* Last modified August 5, 2017.

第6章

Baker, D. 2018. "Fatigue From Other Training and Its Effects Upon Velocity Scores." *Dan Baker Strength* (blog). January 16, 2018.

Brooks, G.A., Fahey, T.D., and K.M. Baldwin. 2004. *Exercise Physiology: Human Bioenergetics and Its Applications*, Fourth Edition. New York, NY: McGraw-Hill Education.

Davis, J.M., and S.P. Bailey. 1997. "Possible Mechanisms of Central Nervous System Fatigue During Exercise." *Medicine & Science in Sports & Exercise* 29: 45–57.

Flanagan, E.P., and M. Jovanovic. 2014. "Researched Applications of Velocity Based Strength Training." *Journal of Australian Strength & Conditioning* 22: 58–69.

Folland, J.P., Irish, C.S., Roberts, J.C., Tarr, J.E., and D.A. Jones. 2002. "Fatigue Is not a Necessary Stimulus for Strength Gains During Resistance Training." *British Journal of Sports Medicine* 36: 370–74.

Francis, C. 2012. *The Charlie Francis Training System.* Amazon Digital Services, LLC. Kindle.

Gambetta, V. n.d. "Defining Supercompensation Training." *Human Kinetics* (blog). Accessed November 10, 2020.

Jidovtseff, B., Harris, N.K., Crielaard, J.M., and J.B. Cronin. 2011. "Using the Load—Velocity Relationship for 1RM Prediction." *Journal of Strength and Conditioning Research* 25(1): 267–270.

Juggernaut Training Systems. 2019. "The JuggLife | Velocity Based Training | Dr. Bryan Mann." Filmed October 29, 2019.

Mann, J.B. 2016. *Developing Explosive Athletes: Use of Velocity Based Training in Athletes.* 1st ed. Self-published, CreateSpace.

Mann, J.B., Thyfault, J.P., Ivey, P.A., and S.P. Sayers. 2010. "The Effect of Autoregulatory Progressive Resistance Exercise vs. Linear Periodization on Strength Improvement in College Athletes." *Journal of Strength and Conditioning Research* 24: 1718–1723.

Nevin, J, 2019. "Autoregulated-Resistance Training: Does-Velocity-Based-Training-Represent the

Future?" *Strength and Conditioning Journal* 41: 34–39.

Pareja-Blanco, F., Alcazar, J., Sánchez-Valdepeñas, Cornejo-Daza, P.J., Piqueras-Sanchiz, F., Mora-Vela, R., Sánchez-Moreno, M., Bachero-Mena, B., Ortega-Becerra, M., and L.M. Alegre. 2020. "Velocity Loss as a Critical Variable Determining the Adaptations to Strength Training." *Medicine & Science in Sports & Exercise* 52: 1752–1762.

Pareja-Blanco, F., Rodríguez-Rosell, D., Sánchez-Medina, L., Sanchis-Moysi, J., Dorado, C., Mora-Custodio, R., Yáñez-García, J.M., et al. 2016 "Effects of Velocity Loss During Resistance Training on Athletic Performance, Strength Gains and Muscle Adaptations." *Scandinavian Journal of Medicine & Science in Sports* 27: 724–735.

Sánchez-Medina, L., and J.J. González-Badillo. 2011. "Velocity Loss as an Indicator of Neuromuscular Fatigue During Resistance Training." *Medicine & Science in Sports & Exercise* 43: 1725–1734.

Selye, H. 1956. *The Stress of Life.* New York: McGraw-Hill Book Company, Inc.

Verkoshansky, Y.V. 1989. *Fundamentals of Special Strength Training in Sports.* Livonia, Michigan: Sportivny Press.

第7章

Bompa, T., and Buzzichelli, C. 2015. *Periodization Training for Sports.* 3rd ed. Champaign, IL: Human Kinetics.

Haff, G., and N. Triplett, eds. 2016. *Essentials of Strength Training and Conditioning*, Fourth Edition. Champaign, IL: Human Kinetics.

Haff, G., and E. Haff. 2012. "Training Integration and Periodization." In *NSCA's Guide to Program Design*, edited by J. Hoffman, 209–254. Champaign, IL: Human Kinetics.

Perch. n.d. "Periodization and Programming With VBT." *Perch* (blog). Accessed November 10, 2020.

Poliquin, C. 1988. "Five Steps to Increasing the Effectiveness of Your-Strength Training Program." *National Strength and Conditioning Association Journal* 10: 34–39.

Signore, N. April, 2018. "A Guide to Training Strength and Power With Velocity-Based Training." Webinar.

第8章

Bompa, T., and Buzzichelli, C. 2015. *Periodization Training for Sports.* 3rd ed. Champaign, IL: Human Kinetics.

Bondarchuk, A.P. 2014. The Olympian Manual for Strength & Size: Blue Print From the World' s Greatest Coach. Muskegon, MI: Ultimate Athlete Concepts.

Haff, G., and N. Triplett, eds. 2016. *Essentials of Strength Training and Conditioning*, Fourth Edition. Champaign, IL: Human Kinetics.

Signore, N. April 2018. "A Guide to Training Strength and Power With Velocity-Based Training." Webinar.

Knobloch K. 2007. "Eccentric Rehabilitation Exercise Increases Peritendinous Type I Collagen Synthesis in Humans With Achilles Tendinosis." *Scandinavian Journal of Medicine & Science in Sports*, 17(3), 298–299.

第9章

Bompa, T., and Buzzichelli, C. 2015. *Periodization Training for Sports*. 3rd ed. Champaign, IL: Human Kinetics.

Haff, G., and N. Triplett, eds. 2016. *Essentials of Strength Training and Conditioning*, Fourth Edition. Champaign, IL: Human Kinetics.

Howard, J.D., Ritchie, M.R., Gater, D.A., Gater, D.R., and R.M. Enoka. 1985. "Determining Factors of Strength: Physiological Foundations." *National Strength and Conditioning Journal* 7: 16–21.

Signore, N. "A Guide to Training Strength and Power With Velocity-Based Training." Webinar.

第10章

Bompa, T., and Buzzichelli, C. 2015. *Periodization Training for Sports*. 3rd ed. Champaign, IL: Human Kinetics.

Bondarchuk, A.P. 2014. *The Olympian Manual for Strength & Size: Blue Print From the World's Greatest Coach*. Muskegon, MI: Ultimate Athlete Concepts.

Haff, G., and N. Triplett, eds. 2016. *Essentials of Strength Training and Conditioning*, Fourth Edition. Champaign, IL: Human Kinetics.

Mann, J.B. 2016. *Developing Explosive Athletes: Use of Velocity-Based Training in Training Athletes*. 1st ed. Self-published, CreateSpace.

Pareja-Blanco F., Rodríguez-Rosell, D., Sánchez-Medina, L., Sanchis-Moysi, J., Dorado, C., Mora-Custodio, R., Yáñez-García, J.M., et al. 2016. "Effects of Velocity Loss During Resistance Training on Athletic Performance, Strength Gains and Muscle Adaptations." *Scandinavian Journal of Medicine & Science in Sports* 27(7): 724–735.

Signore, N. April, 2018. "A Guide to Training Strength and Power With Velocity-Based Training." Webinar.

Simmons, L. 2007. *The Westside Barbell Book of Methods*. Columbus, OH: Westside Barbell.

第11章

Bompa, T., and Buzzichelli, C. 2015. *Periodization Training for Sports*. 3rd ed. Champaign, IL: Human Kinetics.

Haff, G., and Triplett, N., eds. 2016. *Essentials of Strength Training and Conditioning*. 4th ed. Champaign, IL: Human Kinetics.

Issurin, V. 2008. *Block Periodization: Breakthrough in Sport Training*. Muskegon, MI: Ultimate Athlete Concepts.

Winkelman, N. 2012. "Athlete Profiling: Choosing a Periodization System to Maximize Individual Performance." Filmed July 11–14, 2012.

作者简介

农西奥·西尼奥雷（Nunzio Signore）是一名经过认证的力量和体能教练，也是Rockland Peak Performance（RPP）的所有者和经营者。他还是美国棒球生物力学协会（ABBS）的成员和新泽西投球实验室的主任。在过去的很多年里，他一直是纽约和新泽西地区非常受欢迎的力量和体能教练之一，并曾与来自明尼苏达双城队、洛杉矶安纳海姆天使队、纽约洋基队、纽约大都会队、亚利桑那响尾蛇队和西雅图水手队等球队的球员合作。他  曾为 *Inside Pitch* 杂志等出版物撰写文章，并每年在多个知名棒球训练营演讲。

农西奥还曾担任美国圣托马斯·阿奎纳学院的兼职教授，教授力量和体能训练的理论和应用。此外，他还是美国斯普林菲尔德学院、纽约州立大学科特兰分校和宾夕法尼亚州立大学的讲师，并隶属于维克森林投球实验室。

译者简介

闫琪　国家体育总局体育科学研究所研究员，博士，上海体育大学客座教授；美国国家体能协会认证体能训练专家（CSCS）；FMS国际认证讲师；FMS、SFMA高级认证专家；国家体育总局备战奥运会体能训练专家组成员；国家体育总局教练员学院体能训练培训讲师；多名奥运会冠军运动员的体能教练；中国人民解放军南部战区飞行人员训练伤防治中心专家；曾多次到不同部队开展讲座和提供体能训练指导；获"科技奥运先进个人"荣誉称号和"全国体育事业突出贡献奖"等奖项；著有《膝关节功能强化训练》《腰部功能强化训练》《肩关节功能强化训练》等图书。

王明波　国家体育总局体育科学研究所副研究员；运动人体科学硕士；国家体育总局体育科学研究所"数字化体能训练实验室"体能专家；国家体育总局教练员岗位培训体能专家组成员；中国体能训练师认证培训专家；美国AP体能认证专家、美国运动表现学院IHP体能认证专家、FMS高级认证专家、澳大利亚ASCA体能认证专家；国家女子曲棍球队2012、2016奥运周期特聘体能教练；国家游泳队备战2021年东京奥运会体能教练；国家花样滑冰队备战2022年北京冬奥会体能教练、体能训练负责人；国家游泳队备战2024年巴黎奥运会体能教练、体能训练负责人；获国家体育总局"第30届奥运会科研攻关与科技服务个人优秀奖"；多名奥运会冠军运动员的体能教练。

资源与支持

配套服务

扫描下方二维码添加企业微信。

1.首次添加企业微信，即刻领取免费电子资源。

2.加入体育爱好者交流群。

3.不定期获取更多图书、课程、讲座等知识服务产品信息，以及参与直播互动、在线答疑和与专业导师直接对话的机会。

关于"人邮体育"

"人邮体育"为人民邮电出版社旗下品牌，立足于服务体育产业、传播科学知识，与国家体育总局体育科学研究所、美国国家运动医学学会、Human Kinetics等众多国内外领先的行业机构、出版机构建立了广泛的内容合作和市场合作。出版领域覆盖大众健身、青少年体育、专业体能、运动专项、武术格斗，以及益智、棋牌等其他休闲活动，致力于为广大运动爱好者及体育产业从业人员提供丰富多样的全媒体知识服务产品。

与我们联系

我们的联系邮箱是rysport@ptpress.com.cn。

如果您对本书有任何疑问或建议，欢迎您发送邮件给我们，并请在邮件标题中注明本书书名以及ISBN，以便我们更好地为您服务。